Simone F. de Melo
Glória Maria L. de S. Melo

L'infanzia e i suoi molteplici linguaggi:

Simone F. de Melo
Glória Maria L. de S. Melo

L'infanzia e i suoi molteplici linguaggi:

Le concezioni degli insegnanti nella prima fase dell'istruzione di base

ScienciaScripts

Imprint

Any brand names and product names mentioned in this book are subject to trademark, brand or patent protection and are trademarks or registered trademarks of their respective holders. The use of brand names, product names, common names, trade names, product descriptions etc. even without a particular marking in this work is in no way to be construed to mean that such names may be regarded as unrestricted in respect of trademark and brand protection legislation and could thus be used by anyone.

Cover image: www.ingimage.com

This book is a translation from the original published under ISBN 978-620-2-04939-9.

Publisher:
Sciencia Scripts
is a trademark of
Dodo Books Indian Ocean Ltd. and OmniScriptum S.R.L publishing group

120 High Road, East Finchley, London, N2 9ED, United Kingdom
Str. Armeneasca 28/1, office 1, Chisinau MD-2012, Republic of Moldova, Europe
Printed at: see last page
ISBN: 978-620-7-24369-3

SOMMARIO

Agli insegnanti che lavorano nell'educazione della prima infanzia, in particolare a quelli che danno ai bambini la possibilità di esprimere le loro molteplici lingue.

"Se dovessi insegnare a un bambino la bellezza della musica, non inizierei con spartiti, note e pentagrammi. Ascolteremmo insieme le melodie più belle e gli parlerei degli strumenti che fanno musica.

Poi, incantata dalla bellezza della musica, mi chiedeva di insegnarle il mistero di quei piccoli punti neri scritti su cinque righe. Perché i punti neri e le cinque righe sono solo strumenti per la produzione della bellezza musicale. L'esperienza della bellezza deve venire prima. "

Rubem Alves.

SOMMARIO

L'obiettivo principale di questo lavoro è stato quello di analizzare le concezioni linguistiche presentate dagli insegnanti che lavorano in istituti pubblici per l'educazione della prima infanzia - la prima fase dell'istruzione di base. Oltre a queste concezioni, abbiamo analizzato il discorso di questi insegnanti in relazione alle loro pratiche pedagogiche riguardanti l'esplorazione e l'uso delle lingue da parte dei bambini. Per queste analisi ci siamo basati su prospettive teoriche riconosciute come interazioniste, che considerano il linguaggio un prodotto sociale, storico e culturale. Si tratta degli studi di Vygotskij (1987) e Tomasello (2003). Partiamo dalla consapevolezza che il linguaggio non si limita solo all'uso della parola da parte del bambino, ma a tutte le forme di comunicazione ed espressione che portano significato o sono costituite da segni, come il linguaggio del corpo, delle immagini, tra gli altri (FRANÇOIS, 2006). In questo senso, nei contesti interattivi, negli ambienti scolastici, a partire dall'educazione della prima infanzia, un gesto, un disegno, un grido o uno sguardo possono essere considerati linguaggio. Gli insegnanti e le loro pratiche pedagogiche possono essere considerati importanti per esplorare queste forme di comunicazione, che sono notoriamente osservate in contesti di attenzione congiunta (MELO, 2015). Si tratta di un progetto di ricerca sviluppato attraverso il Programma di Iniziativa Scientifica (PIBIC), di natura quantitativa e qualitativa, il cui campo di indagine è stato costituito da due istituti pubblici di educazione della prima infanzia situati nei comuni di Alagoa Nova e Campina Grande, entrambi nello stato di Paraiba - Brasile. I soggetti coinvolti sono stati gli insegnanti che lavorano con bambini da 0 a 3 anni in queste istituzioni. Come strumento di raccolta dei dati sono stati utilizzati questionari con domande aperte. Per analizzare e discutere i dati raccolti, abbiamo utilizzato il metodo di Bardin (1979) dell'analisi del contenuto. I dati mostrano, tra l'altro, che il concetto di lingua presentato dagli insegnanti è correlato alle pratiche pedagogiche che essi sviluppano riguardo all'uso di diverse lingue da parte del bambino. Lo studio ha cercato di contribuire al dibattito sulle concezioni e sugli usi del linguaggio da parte degli insegnanti nel loro processo di insegnamento, in particolare quelli coinvolti nell'educazione della prima infanzia, con l'obiettivo di ripensare le pratiche curricolari e pedagogiche finalizzate al diritto del bambino di esplorare ed esprimere diversi linguaggi.

Parole chiave: Lingue; Concetti e pratiche di insegnamento; Educazione della prima infanzia.

1 INTRODUZIONE

L'infanzia offre la possibilità di giocare, studiare, fare scoperte, imparare, immaginare, giocare, ballare e cantare senza la paura di sbagliare. Tuttavia, questa visione dell'infanzia non accompagna la storia dell'umanità. Gli studi di Ariès (2011) sulla costruzione del sentimento dell'infanzia e di Sarmento (2007), che analizza il processo di (in)visibilità subito dai bambini nel corso degli anni, possono essere considerati dei riferimenti quando ci proponiamo di discutere dell'infanzia nei secoli che ci hanno preceduto, con l'obiettivo di comprendere meglio questa fase della vita oggi, soprattutto quando la identifichiamo attraverso i suoi diversi linguaggi nel suo processo di sviluppo.

L'acquisizione e lo sviluppo del linguaggio fanno parte dello sviluppo del bambino. In questo modo, abbiamo cercato di discutere brevemente l'acquisizione e lo sviluppo del linguaggio attraverso le idee di Vygotskij (1987) e Tomasello (2003), poiché entrambi considerano il linguaggio un prodotto sociale, storico e culturale. Queste idee contribuiscono alla comprensione dei molteplici linguaggi che i bambini utilizzano nelle loro interazioni.

In primo luogo, dobbiamo chiarire che siamo d'accordo con l'idea che il linguaggio non si limita all'uso della parola da parte dei bambini, ma a tutte le forme di comunicazione ed espressione che portano un significato o sono costituite da segni, come il linguaggio del corpo, le immagini, tra gli altri (FRANÇOIS, 2006). Nei contesti interattivi, negli ambienti scolastici, a partire dall'educazione della prima infanzia, un gesto, un disegno, un pianto o uno sguardo possono essere considerati linguaggio. Gli insegnanti e le loro pratiche pedagogiche possono essere considerati importanti per esplorare queste forme di comunicazione, che sono notoriamente osservate in contesti di attenzione congiunta (MELO, 2015). Consideriamo quindi il movimento, la musica, la danza, il disegno, il gioco e altri elementi come parte di linguaggi multipli, poiché qualsiasi mezzo con cui i bambini possono esprimersi e che porta con sé un significato può essere considerato un linguaggio.

L'obiettivo principale di questo lavoro è stato quello di analizzare le concezioni del linguaggio presentate dagli insegnanti che lavorano nell'educazione della prima infanzia - la prima fase dell'istruzione di base. Abbiamo cercato di analizzare il discorso di questi insegnanti in relazione alle loro pratiche pedagogiche riguardanti l'esplorazione e l'uso delle lingue da parte dei bambini. È importante sottolineare che tutti gli insegnanti che hanno partecipato alla ricerca lavorano con bambini di età compresa tra 0 e 3 anni.

Si tratta di un progetto di ricerca qualitativa sviluppato attraverso il Programma di Iniziativa Scientifica (PIBIC). Il campo d'indagine era costituito da alcune scuole materne pubbliche situate nei comuni di Alagoa Nova e Campina Grande, entrambi nello stato di Paraiba - Brasile. Come strumento di raccolta dei dati è stato utilizzato un questionario con sei domande aperte. L'analisi del contenuto di Bardin (1979) è stata utilizzata per discutere i dati raccolti. I dati emersi mostrano, tra l'altro, che le concezioni linguistiche presentate dagli insegnanti di scuola primaria sono correlate alle pratiche pedagogiche che essi sviluppano.

Infine, **vorremmo** sottolineare che il nostro lavoro, organizzato in capitoli, comprende una rassegna della letteratura, in cui consideriamo l'infanzia da una prospettiva storica e sociale; e il linguaggio, basato sugli studi di Vygotskij e Tomasello. In questa stessa rassegna, discutiamo alcuni dei linguaggi (movimenti del corpo, musica, danza, gioco, disegno) utilizzati dai bambini ed esplorati nelle pratiche scolastiche. Nei restanti capitoli, ci occupiamo degli aspetti metodologici della nostra ricerca, oltre a presentarne e discuterne i risultati.

2. REVISIONE DELLA LETTERATURA

2.1 L'infanzia: alcune considerazioni storiche e sociali

La discussione sulla storia dell'infanzia è recente, poiché i riferimenti storici all'infanzia sono stati fatti molto tardi, e questo è uno dei motivi per cui Philippe Ariès ha affermato che "[...] non c'è stato un 'sentimento dell'infanzia' fino all'alba della modernità. [...]" (SARMENTO, 2007, p. 26). Va sottolineato che la ricerca condotta da Ariès si basava su opere d'arte che cercavano di rappresentare la realtà di una determinata epoca.

Philippe Ariès[1] (2011) si è sforzato, attraverso la sua ricerca, di mostrarci la preminenza del sentimento dell'infanzia nel corso dei secoli. L'autore inizia il suo racconto dal XII secolo, periodo in cui l'arte medievale "[...] non conosceva l'infanzia o non cercava di rappresentarla. [...]" (ARIÈS, 2011, p. 17). Egli ipotizza che sia più probabile che all'epoca non ci fosse posto per l'infanzia. Le rappresentazioni dei bambini nei dipinti si basavano sulla differenza di dimensioni, vale a dire che i tratti dei bambini erano uguali a quelli degli adulti, con l'unica differenza delle dimensioni. Solo nel secolo successivo si notarono alcune immagini di bambini simili a quelle del sentimento moderno. Il primo tipo di rappresentazione di bambini che assomiglia al sentimento moderno è il dipinto di un angelo con le sembianze di un ragazzo molto giovane. Il secondo sarebbe un modello di Gesù Bambino o di Nostra Signora come una ragazza, cercando di dare caratteristiche e rappresentazioni più realistiche al sentimento di un bambino. Il terzo tipo si verificò nella fase gotica, la rappresentazione del bambino nudo che iniziò a essere raffigurato su larga scala.

L'autrice sottolinea che anche nel XV e XVI secolo non esistevano rappresentazioni di soli bambini, ma era possibile constatare una loro maggiore frequenza nei dipinti aneddotici. Poiché non esisteva una rappresentazione esclusiva dell'infanzia, ciò ha portato a due idee: in primo luogo, che nella vita di tutti i giorni i bambini fossero mescolati agli adulti; in secondo luogo, che i pittori amassero dipingere i bambini per la loro grazia o pittoreschezza, "[...]. Di queste due idee, una ci sembra arcaica: oggi, come alla fine del XIX secolo, abbiamo la tendenza a separare il mondo dei bambini da quello degli adulti. L'altra idea, invece, preannuncia un senso moderno dell'infanzia. " (ARIÈS, 2011, p.21)

Ariès (2011) afferma che nel XV secolo sono emersi due nuovi tipi di rappresentazione dell'infanzia: il ritratto e il *putto*. Egli ci mostra che i bambini appaiono nelle effigi funerarie solo nel XVI secolo, non nelle loro tombe o in quelle dei loro genitori, ma in quelle dei loro maestri. Nello stesso secolo, la comparsa del ritratto di bambini morti segna un momento importante nella

---

1 Precisiamo che l'autore stesso si è autocorretto nella prefazione alla sua opera (seconda edizione), dove si scusa per aver usato il termine "scoperta" dell'infanzia.

storia del sentimento dell'infanzia. Secondo Ariès (2011, p. 23), questo ritratto "[...] era inizialmente un'effigie funeraria. [Le prime rappresentazioni contenevano bambini vivi e morti nelle immagini delle tombe dei genitori, e ciò che li distingueva era che i bambini morti erano più piccoli e portavano una croce o un teschio in mano. Alla fine di questo secolo è possibile trovare documenti che indicano tombe con effigi di bambini isolati.

Nel suo lavoro, Ariès (2011) illustra i contributi di ogni secolo alla scoperta dell'infanzia, che oggi è riconosciuta e caratterizzata dai molteplici linguaggi che la identificano. L'autore dimostra che il XVII secolo è stato uno dei secoli che ha contribuito maggiormente all'evoluzione dei temi della prima infanzia. In quello stesso secolo si diffondono i ritratti di bambini soli e, a partire da quel secolo, i ritratti di famiglia cominciano a essere organizzati intorno al bambino. Sempre nel XVII secolo, la scena di genere assegna al bambino un posto privilegiato rispetto a innumerevoli scene d'infanzia convenzionali. E a metà dello stesso secolo, la nudità diventa una sorta di convenzione rigorosa nei ritratti di bambini. In breve, gli studi di Ariès ci permettono di riconoscere che il XVII secolo ha contribuito notevolmente alla costituzione del concetto e del sentimento dell'infanzia e dei bambini.

I contributi di Ariès alla storia dell'infanzia sono stati di grande valore per aiutarci a renderci conto di quanto questa parte della vita sia stata poco considerata per molti anni. Tuttavia, i suoi studi, come già detto, si sono concentrati su riferimenti autobiografici e su documenti sparsi che mostrano la presenza dei bambini nel passato, subendo così forti critiche, come afferma Sarmento (2007, p.27):

[...] si critica spesso il fatto che Ariès abbia teorizzato l'intera categoria sociale dell'infanzia, avendo utilizzato documenti del clero e della nobiltà, e che di conseguenza siano mancati i riferimenti ai bambini delle classi inferiori [...].

Ciò che viene criticato è il fatto che Ariès abbia basato il suo intero studio su una sola classe. Non intendiamo in alcun modo sminuire gli studi e le ricerche condotte dall'autore. Crediamo che i suoi studi siano stati una porta aperta per nuove scoperte sull'infanzia e che ci siano stati altri studi e ricerche sulla storia, la sociologia e i linguaggi dell'infanzia. Comprendiamo che l'emergere dell'enfasi sull'infanzia ha contribuito, tra l'altro, a farci percepire i bambini nelle loro diverse possibilità di comunicazione, attraverso diversi linguaggi.

Un altro autore che cerca di lavorare con le "scoperte" e gli "occultamenti" dell'infanzia è Manuel Jacinto Sarmento, *già* citato nel nostro lavoro. L'autore lavora con l'idea di occultamento, rivelazione e nascondimento dell'infanzia, a seconda del contesto storico in cui il bambino è coinvolto. Ci mostra diversi processi di occultamento che chiama (in)visibilità, a partire dalla (in)visibilità storica subita dal bambino, poi la (in)visibilità civile e infine la (in)visibilità scientifica. Ci concentreremo sulla (in)visibilità storica[2] .

Secondo Sarmento (2007) l'infanzia è stata soggetta a un processo di occultamento che deriva dalle concezioni storicamente costruite dei bambini e dai modi in cui sono stati inscritti nelle immagini sociali che "[...] sia fanno luce sui loro prodotti (l'insieme di sistemi strutturati di credenze, teorie e idee in diversi periodi storici) sia nascondono la realtà dei mondi sociali e culturali dei bambini, nella complessità della loro esistenza sociale..." (SARMENTO, 2007, p. 26). In questo modo, l'infanzia attraversa diverse fasi di occultamento e illuminazione, in altre parole, più pensiamo di conoscere l'infanzia, più ci rendiamo conto della mancanza di conoscenza su di essa.

Sarmento (2007) ci fornisce un resoconto storico di come questa (in)visibilità si sia verificata durante la rivoluzione industriale, quando molti bambini lavoravano nelle industrie come manodopera a basso costo, ma il *crollo* della borsa di New York nel 1929 ha fatto sì che i bambini sperimentassero un'altra fase di esclusione simbolica dall'infanzia, quella dell'economia, in cui "[...] i bambini erano considerati esseri rimossi dalla produzione e dal consumo, e l'infanzia veniva investita della natura di *età non lavorativa*". (SARMENTO, 2007, p. 34 - corsivo mio).

Sarmento (2007) ci mostra che nella seconda modernità, con lo sviluppo attivo di un'industria culturale rivolta ai bambini e la costante enfasi dei media nella vita quotidiana dei nostri figli, questi finiscono per vivere "[...] definitivamente un processo di adultizzazione precoce e irreversibile, e di conseguenza abitano l'età dell'*infanzia*. [...]" (idem). Il concetto di non-infanzia proposto da Neil Postman (1983) espone l'idea della "morte dell'infanzia", che nasconde l'idea della natura attiva del bambino e occulta il fatto che i bambini vivono nella peculiarità della loro generazione. Sarmento (2007) afferma che è "[...] scorretto (*sic)* parlare di morte dell'infanzia, anche se l'infanzia contemporanea soffre effettivamente di potenti costrizioni ed è particolarmente vulnerabile alla colonizzazione dei suoi mondi vitali da parte degli adulti. [...]" (p.35).

Gli studi condotti da Ariès, Sarmento e altri ricercatori che si occupano di infanzia ci mostrano che non esiste una sola infanzia ma diverse, smitizzando il concetto di infanzia e mostrandoci le infanzie. Poiché il concetto di infanzia è dato in riferimento alla società in cui il bambino vive, secondo Kuhlmann e Fernandes (2004, p. 15), "la storia dell'infanzia sarebbe allora la storia delle relazioni tra la società, la cultura e gli adulti e questa fascia di età, e la storia dei bambini tra di loro e con gli adulti, la cultura e la società". Vale la pena sottolineare che l'idea di bambino, insieme al concetto di infanzia che abbiamo oggi, è stata una delle rappresentazioni create e radicate nel sistema capitalista, cioè "[...] la nozione di infanzia è emersa con la società capitalista, urbano-

---

2 Abbiamo scelto di parlare di (in)visibilità storica perché stiamo discutendo della storia dell'infanzia e perché stiamo cercando, seppur brevemente, di fare un collegamento tra le idee di Aries (2011) e Sarmento (2007) da questa prospettiva storica.

industriale, mentre cambiava l'inserimento e il ruolo sociale del bambino nella sua comunità" (BRASIL, 2006, p.14).

Ma cosa differenzia l'infanzia dalle altre fasi della vita? Cosa la rende una fase così importante e unica? Sarmento (2007, p. 35) ci aiuta a rispondere a questa domanda affermando che:

[...] l'infanzia deve la sua differenza non all'assenza di caratteristiche (presumibilmente) proprie dell'essere umano adulto, ma alla presenza di altre caratteristiche distintive che fanno sì che, al di là di tutte le distinzioni dovute all'appartenenza a diverse classi sociali, al genere maschile o femminile, allo spazio geografico in cui vivono, alla loro cultura di origine e all'etnia, tutti i bambini del mondo abbiano qualcosa in comune.

Pertanto, questa fase della vita va al di là di ogni stereotipo, non è solo l'età della non parola. Ogni bambino dimostra un qualche tipo di linguaggio, sia esso gestuale, corporeo, verbale, drammatico, teatrale, musicale, pittografico, tra gli altri, semplicemente perché è in grado di esprimere sentimenti, emozioni; di capire, di significare, di comunicare. Non è nemmeno la fase del non lavoro. I bambini hanno il loro lavoro da svolgere, che sia lo studio, le piccole attività domestiche che le madri assegnano loro o anche il gioco. Quindi l'infanzia è:

[...] contemporaneamente una categoria sociale generazionale e un gruppo sociale di soggetti attivi che interpretano e agiscono nel mondo. In questa azione, essi strutturano e stabiliscono modelli culturali. Le culture dei bambini sono, infatti, l'aspetto più importante per differenziare l'infanzia (SARMENTO, 2007, p.36).

Quello che abbiamo cercato di discutere, a grandi linee, sono state le traiettorie storiche della costituzione del concetto di infanzia e della percezione del bambino, in modo da poter comprendere meglio il bambino di oggi come soggetto sociale, dotato di linguaggi, distinto dall'adulto, produttore di culture. Discutere dei linguaggi che vengono utilizzati dai bambini in situazioni di interazione sociale, come quelle che avvengono negli ambienti scolastici, richiede di collocarsi in questi percorsi, comprendendo il nostro passato, per poter guardare al futuro e iniziare a fare le cose in modo diverso.

È nell'infanzia che i bambini imparano a camminare, a definire i propri gusti, a manifestare la propria insoddisfazione, a significare i modi di comunicare. È in questa fase che i bambini identificano i loro affetti, la loro famiglia e creano legami. È la fase in cui si stabilisce la comunicazione, sia attraverso il pianto, i gesti, i balbettii, i gesti o la parola stessa. Tutto questo apprendimento e queste forme di comunicazione ed espressione possono essere chiamate lingue.

2.2 Il linguaggio nella prospettiva di Vygotskij e Tomasello

Tomasello (2003, p. 4) afferma che ciò è dovuto a un meccanismo biologico che provoca

9

cambiamenti nel comportamento e nella cognizione e questo meccanismo è "[...] la trasmissione sociale o culturale, che opera su scale temporali di grandezza molto più rapide di quelle dell'evoluzione organica. [...]". Questa trasmissione sociale o culturale permette a ciascun essere di appropriarsi delle conoscenze e delle abilità esistenti. L'autore sottolinea che questa trasmissione culturale include cose come un uccellino che imita il canto tipico della sua specie e fa sì che i nostri bambini acquisiscano "[...] le convenzioni linguistiche degli altri membri del loro gruppo sociale. (TOMASELLO, 2003, p.5), in altre parole, la trasmissione culturale ci permette di imparare la lingua usata dal gruppo sociale in cui viviamo.

Partendo da questo presupposto, possiamo notare che Tomasello comprende che il linguaggio, e la sua acquisizione, si sviluppano attraverso un processo sociale. Sulla stessa linea, cioè a conferma della natura sociale e culturale del linguaggio, si collocano gli studi di Vygotskij (1987), Wallon (1995) e Bakhtin (1988). Quest'ultimo sottolinea la natura ideologica del linguaggio. Tutti questi autori trovano sostegno in una delle correnti teoriche che discutono il linguaggio, la cosiddetta corrente interazionista.

Vogliamo sottolineare che consideriamo il linguaggio non solo come un aspetto fonico, ma qualcosa che va oltre la parola, "equivalente a tutto ciò che può avere un segno e un significato, come il linguaggio del corpo o il linguaggio delle immagini [...]" (FRANÇOIS, 2006, p.185, *apud,* MELO, 2015 p.20). Quindi un gesto, un disegno, un grido o uno sguardo possono essere considerati linguaggi.

Per comprendere il punto di vista di Vygotskij sul linguaggio, dobbiamo capire il contesto in cui questo concetto si è formato. Vygotskij (1987, p. 21) critica le principali correnti e tendenze della psicologia contemporanea, sostenendo che non considerano lo sviluppo della relazione tra pensiero e parola.

Uno sguardo ai risultati delle precedenti ricerche sul pensiero e sul linguaggio mostrerà che tutte le teorie esistenti, dall'antichità a oggi, coprono l'intera gamma che va dall'identificazione e dalla fusione del pensiero e della parola a un estremo, fino alla separazione e alla segregazione quasi metafisica dei due. [...]

Oltre alla psicologia associazionista, criticò anche la psicologia della Gestalt e la psicologia comportamentista, sostenendo che quando studiavano il pensiero e il linguaggio non facevano riferimento al processo storico del loro sviluppo. In questo modo, l'obiettivo di Vygotskij, secondo Jobin e Souza (1994), era quello di unire le due metà della psicologia al fine di,

[...] di creare un nuovo sistema che sintetizzasse questi modi contrastanti di studiare l'uomo, perché, per Vygotskij, nessuna delle correnti psicologiche esistenti forniva le solide basi necessarie per stabilire una teoria unificata dei processi psicologici superiori. [...] (JOBIN E SOUZA, 1994, p.124).

Così, Vygotskij (1987) ha finito per fondare una psicologia chiamata **psicologia storico-culturale**, basata sul materialismo storico e dialettico. Il metodo del materialismo storico dialettico prevede che l'oggetto di studio debba essere compreso seguendo il processo di movimento e cambiamento che ha subito. Per questo autore, "[...] ogni fenomeno ha la sua storia e questa storia è caratterizzata da cambiamenti qualitativi e quantitativi" (VYGOTSKY, 1984, *apud*, JOBIN E SOUZA, 1994, p.124). Vygotskij ha sottolineato le qualità uniche esistenti nella specie umana, nonché le trasformazioni e i contesti culturali e storici costruiti dall'umanità.

Vygotskij (1987) ha riformulato la concezione di Engels del lavoro umano e dell'uso di strumenti e "[...] ha esteso questo concetto di mediazione nell'interazione uomo-ambiente attraverso l'uso di strumenti all'uso di segni. [...]" (JOBIN E SOUZA, 1994, p. 125). Secondo Vygotskij, i segni e gli strumenti sono creati dalla società nel corso della storia e cambiano in base alla sua realtà sociale e culturale.

In questo modo, il fenomeno del linguaggio è visto da questo autore come parte dei segni creati dalla società nel corso della storia e all'interno di un contesto culturale e sociale, che determina un cambiamento nello sviluppo culturale della società e finisce per plasmare l'uomo stesso, che lo crea. Per rafforzare questa idea, Lucci (2006, p.5) afferma che per Vygotskij "l'individuo è determinato nelle interazioni sociali, cioè è attraverso la relazione con l'altro e da sé che l'individuo è determinato; è nel linguaggio e da sé che l'individuo è determinato ed è determinante per gli altri individui". Così, gli studi di Vygotskij ci mostrano che l'essere umano si sviluppa in una

Un lungo processo caratterizzato da salti qualitativi che si articola in tre fasi: dalla filogenesi (origine della specie) alla sociogenesi (origine della società); dalla sociogenesi all'ontogenesi (origine dell'uomo) e dall'ontogenesi alla microgenesi (origine dell'individuo unico) (LUCCI, 2006, p.5).

La teoria storico-sociale, corrente che presenta le idee di Vygotskij, sottolinea che lo sviluppo umano ha origine da due linee distinte: "un processo elementare, a base biologica, e un processo superiore di origine socioculturale" (LUCCI, 2006, p.7). Pertanto, questa teoria "parte dalla concezione che tutti gli organismi sono attivi e stabilisce una continua interazione tra le condizioni sociali, che sono mutevoli, e la base biologica del comportamento umano".

Secondo Melo (2015, p. 25) Vygotskij "[...] ha costruito una teoria in grado di spiegare l'origine e l'evoluzione della coscienza umana, cioè l'evoluzione delle strutture psicologiche superiori dell'uomo nel suo processo di sviluppo". Questa costruzione è avvenuta attraverso un'analisi critica delle prospettive teoriche del suo tempo. Nella concezione di Vygotskij, è attraverso il linguaggio, in contesti interattivi, che avviene lo sviluppo delle strutture psicologiche superiori. Lo sviluppo è quindi associato alla capacità del bambino di acquisire il linguaggio, attraverso il suo inserimento in contesti di interazione sociale, tra bambini e adulti o tra bambini stessi, in cui si utilizza una determinata lingua o altre forme di espressione e comunicazione.

Lo sviluppo delle funzioni psichiche superiori è interconnesso con la mediazione tra l'uomo e l'ambiente, sia esso culturale o sociale. Secondo Oliveira (2002, p. 26), il concetto di mediazione di Vygotskij "[...] in termini generali, è il processo di un elemento intermediario che interviene in una relazione; la relazione cessa quindi di essere diretta e diventa mediata da questo elemento". Inoltre, Oliveira (2002, p. 33) aggiunge che:

Il processo di mediazione, attraverso strumenti e segni, è fondamentale per lo sviluppo delle funzioni psicologiche superiori, che distinguono l'uomo dagli altri animali. La mediazione è un processo essenziale per rendere possibili attività psicologiche volontarie e intenzionali, controllate dall'individuo stesso.

In questo modo, la mediazione avviene per lo sviluppo delle funzioni psichiche superiori, ad esempio, in un processo di interazione sociale, in cui le lingue vengono utilizzate per recepire nuovi contenuti dall'ambiente. Questo apprendimento avviene attraverso un processo chiamato da Vygotskij *interiorizzazione*, che inizia prima nel sociale e poi individualmente, come affermano Jobim e Souza (1994, p. 125-126):

L'interiorizzazione di contenuti storicamente determinati e culturalmente organizzati avviene quindi principalmente attraverso il linguaggio, rendendo possibile che la natura sociale delle persone diventi anche la loro natura psicologica [...] Nello sviluppo culturale del bambino, ogni funzione appare due volte: prima a livello sociale e poi a livello individuale. Questo processo di interiorizzazione, cioè la trasformazione di un processo interpersonale in un processo intrapersonale, implica l'uso di segni e comporta un'evoluzione complessa in cui una serie di trasformazioni qualitative hanno luogo nella coscienza del bambino.

Discutendo la prospettiva di Vygotskij sul linguaggio, Melo (2015, p. 24) sottolinea che i contesti sociali in cui i bambini usano il linguaggio guidano non solo la comunicazione, ma anche l'interiorizzazione di questi contenuti, che avviene attraverso l'uso di segni. È in questo processo di interiorizzazione che può avvenire una trasformazione nella coscienza del bambino, che parte da un pensiero costruito in un gruppo (sociale), per poi diventare un pensiero di natura psicologica (individuale). Così, per Melo (2015, p. 24), "[...] il linguaggio, in questo processo, viene acquisito nel contesto delle interazioni sociali nell'uso delle parole, e poi costruito nel contesto dei processi cognitivi individuali. [...]".

Vygotskij analizza la relazione tra pensiero e linguaggio, che chiama "analisi dell'unità" (VYGOTSKY, 2005, p. 5, *apud,* MELO, 2015, p.25). Egli ha cercato di analizzare questa relazione nel suo complesso, cioè senza distinguere il suono dal significato delle parole, considerando quindi l'insieme del pensiero verbale e dei significati delle parole. Così, "[...] è nel significato delle parole che pensiero e parola si uniscono nel pensiero verbale. È nel significato, sottolinea Vygotskij, che si possono trovare le risposte al rapporto tra pensiero e parola. [...] (MELO, 2015, p. 25). Questa

12

relazione tra pensiero e parola si svolge all'interno di un processo dinamico.

Nei suoi studi sulla relazione tra pensiero e parola nelle prime fasi, Vygotskij (1987) afferma che non c'è interdipendenza tra le radici genetiche del pensiero e della parola. In questo modo, sottolinea che la relazione tra pensiero e parola non è un prerequisito per lo sviluppo della coscienza umana, ma un suo prodotto. Per Vygotskij, quindi, la relazione tra pensiero e parola è "[...] un processo con radici genetiche distinte, ma che, nel corso dell'evoluzione di entrambi, stabiliscono tra loro una continua e sistematica interdipendenza che cambia e si sviluppa. [...]" (JOBIM E SOUZA, 1994, p. 127).

Per Vygotskij, il pensiero e il linguaggio non sono legati da un legame primario. Il pensiero si evolve inizialmente senza il linguaggio. In questo senso, sempre utilizzando l'interpretazione di Jobim e Souza (1994, p. 128) del pensiero di Vygotskij, "[...] i primi balbettii del bambino sono una forma di comunicazione senza pensiero [...]". Nella concezione di Vygotskij, quindi, esiste un pensiero pre-integrale, poiché il bambino cerca di attirare l'attenzione dell'adulto attraverso vari suoni e comunica le sue sensazioni attraverso il piacere e il dispiacere, e spetta alla madre, o a un altro adulto con un legame emotivo con il bambino, decodificare queste sensazioni.

Secondo Jobim e Souza (1994, p. 128), gli studi di Vygotskij (1987) dimostrano che la giunzione tra il pensiero pre-linguistico e il linguaggio pre-intellettuale avviene intorno ai due anni:

[...] il momento cruciale si verifica intorno ai sei anni, quando le curve del pensiero pre-linguistico e del linguaggio pre-intellettuale si incontrano e si fondono, dando inizio a un nuovo tipo di organizzazione del pensiero e del linguaggio. A questo punto, il pensiero diventa verbale e il discorso diventa razionale. [...]

Per Vygotskij (1987), lo studio del passaggio dal pensiero al linguaggio può essere fatto analizzando lo sviluppo ontogenetico del linguaggio. A tal fine, però, è necessario comprendere i due livelli del linguaggio verbale: l'aspetto interno del linguaggio verbale (semantico e significativo) e l'aspetto esterno (sonoro). Sebbene gli aspetti semantici e fonetici formino un'unica unità, ognuno di essi ha le proprie leggi di movimento. Attraverso questo studio, Vygotskij (1987) giunge alla conclusione che il pensiero e il linguaggio non derivano da un unico modello; al contrario, ciascuno di essi presenta più differenze che somiglianze, ma è proprio questo che garantisce l'unità dialettica tra pensiero e linguaggio.

Vygotskij (1987) ha cercato di comprendere la natura psicologica del discorso interiore, ammettendo il lavoro pionieristico di Piaget su questo argomento, ma sostenendo che non è riuscito a cogliere la caratteristica più importante del discorso egocentrico. Per questo autore, il discorso dei bambini tra i due e i sette anni ha due funzioni che non possono essere dissociate: la funzione interna (coordinare e dirigere il pensiero) e la funzione esterna (comunicare i risultati ad altre persone). Per Vygotskij (1987), "il discorso egocentrico nasce quando il bambino trasferisce le

13

forme di comportamento sociale e cooperativo alla sfera delle funzioni psichiche interne e personali" (JOBIM E SOUZA, 1994, p. 132). Il discorso egocentrico svolge un ruolo fondamentale nello sviluppo del bambino e rappresenta un periodo di transizione dalle funzioni interpsichiche a quelle intrapsichiche. Per JOBIM E SOUZA si tratta di una fase che precede il discorso interiore del bambino.

Tomasello (2003) condivide le stesse idee di Vygotskij (1987). Tomasello (2003) afferma che l'acquisizione del linguaggio avviene all'incrocio tra il biologico e il socioculturale, sostenendo nei suoi studi che il processo di acquisizione e sviluppo del linguaggio può essere trovato nella "teoria dell'acquisizione del linguaggio basata sull'uso" o nella "linguistica cognitivo-funzionale" (TOMASELLO, 2003). Secondo Allan e Souza (2009, p. 161), l'ipotesi centrale di questa teoria è che l'acquisizione della lingua sia un processo di sviluppo.

[...] e lo sviluppo delle competenze linguistiche umane sono processi socio-biologici che coinvolgono le abilità socio-cognitive umane di comprensione e condivisione dell'intenzionalità e la partecipazione ad attività socio-comunicative storicamente consolidate con individui umani linguisticamente e simbolicamente competenti.

In questo modo, è possibile stabilire una relazione con le idee di Vygotskij (1987) e Tomasello (2003), poiché entrambi ritengono che il processo di acquisizione e sviluppo del linguaggio sia basato su principi biologici e socioculturali, per cui l'uomo apprende e sviluppa il linguaggio all'interno di un ambiente socioculturale che ha una storia che viene ereditata da lui e che allo stesso tempo cambia nel tempo, e c'è sempre un'intenzionalità. Così le teorie dell'acquisizione del linguaggio basate sull'uso propongono che "[...] la cognizione umana è il prodotto co-evolutivo di specifici adattamenti biologici alla cognizione dei primati e di attività collaborative legate alla cognizione culturale. [...]" (ALLAN e SOUZA, 2009, p. 162).

Uno dei concetti importanti per comprendere il processo di acquisizione e sviluppo del linguaggio secondo Tomasello è quello di *intenzionalità* e *causalità*. Tomasello (2003, p. 25) difende l'idea che i primati non umani non comprendano l'intenzionalità di specifici co-esseri e la causalità di oggetti ed eventi inanimati, affermando che "[...] i primati non umani sono esseri intenzionali e causali, solo che non comprendono il mondo in termini intenzionali e causali". Per l'autore, è la comprensione dell'intenzionalità e della causalità che ci differenzia dai primati non umani.

[...] la capacità unicamente umana di comprendere gli eventi esterni in relazione a forze mediatrici intenzionali/causali è emersa per la prima volta nell'evoluzione umana per consentire agli individui di prevedere e spiegare il comportamento dei co-specifici ed è stata poi trasposta per affrontare il comportamento di oggetti inerti" (TOMASELLO, 2003, p.33).

Secondo Àllan e Souza (2009, p. 163), in uno studio delle idee e delle concezioni di Tomasello, esiste un altro fattore che sarebbe la "motivazione unicamente umana di condividere l'intenzionalità con altri individui umani". Sarebbe quindi la motivazione a mostrare ciò che si è scoperto o imparato a qualcun altro a renderci esseri con intenzionalità condivisa. Per Tomasello (2003), i vantaggi del pensiero intenzionale causale sono due: il primo è che questo tipo di pensiero ci permette di risolvere i problemi in modo creativo, flessibile e persistente, per cui "[...] la comprensione causale e intenzionale degli esseri umani ha quindi conseguenze immediate per l'azione efficace, in quanto apre la possibilità di trovare nuovi modi di manipolare o sopprimere le forze mediatrici" (TOMASELLO, 2003, p. 34). La seconda è che la comprensione intenzionale/causale consente una funzione trasformativa nel processo di apprendimento sociale.

[...]. In altre parole, la comprensione del comportamento altrui come intenzionale e/o mentale rende direttamente possibili alcune forme molto potenti di apprendimento culturale e di sociogenesi, e queste forme di apprendimento sociale sono direttamente responsabili delle forme speciali di eredità culturale caratteristiche degli esseri umani. [...] (TOMASELLO, 2003, p. 34).

Un altro concetto elaborato da Tomasello (2003) per comprendere il processo di acquisizione e sviluppo del linguaggio è quello di evoluzione culturale cumulativa, che l'autore chiama anche effetto cricchetto. Questa evoluzione culturale cumulativa sarebbe costituita dalle modifiche apportate da diversi individui nel corso del tempo a uno (o più) oggetti o addirittura alla lingua stessa, rendendola più complessa e completa di aspetti e funzioni adattive. In un altro studio sviluppato con i suoi collaboratori, Tomasello et al. sostengono che questa evoluzione avviene fondamentalmente attraverso l'apprendimento per imitazione. La loro tesi è che,

[...] l'evoluzione culturale cumulativa dipende da due processi - l'innovazione e l'imitazione (probabilmente integrata dall'istruzione) - che devono avvenire in un processo dialettico nel tempo, in modo che una fase del processo favorisca la successiva. (TOMASELLO, 2003, p. 53).

Per Tomasello (2003), il fatto che noi esseri umani siamo in grado di accumulare e modificare le nostre tradizioni culturali nel tempo, e che queste tradizioni hanno una loro "storia" e che noi le conosciamo, le distingue dalle tradizioni culturali presentate dagli scimpanzé. L'autore afferma che questo processo di accumulo di modifiche e di storia nel sistema di apprendimento culturale diventa particolarmente potente perché si basa su adattamenti cognitivi che sono unicamente umani per comprendere gli altri come agenti intenzionali uguali a se stessi, che creano forme di apprendimento sociale che agiscono come un cricchetto e che preservano le strategie appena create nel gruppo sociale fino a quando una nuova innovazione può sostituirle.

Per concludere i confronti che molti ricercatori cercano di fare sul processo di accumulazione della cultura tra esseri umani e scimpanzé, Tomasello (2003, p. 55) sottolinea che la differenza è che "[...] gli esseri umani di solito hanno le capacità di apprendimento socio-cognitivo e culturale per creare,

15

come specie, prodotti cognitivi unici basati sull'evoluzione culturale cumulativa".

Tomasello (2003) presenta due forme fondamentali di sociogenesi che si possono trovare nelle società umane, che permettono la creazione di qualcosa di nuovo attraverso l'interazione sociale di due o più individui in interazione cooperativa. La prima sarebbe proprio l'effetto a cricchetto descritto sopra; la seconda sarebbe la collaborazione di due o più individui per risolvere un problema. Tomasello (2003) ci mostra anche dove possiamo trovare esempi di evoluzione culturale cumulativa, citando la sociogenesi del linguaggio e della matematica.

Nella sociogenesi del linguaggio, Tomasello (2003) sostiene che la condivisione di simboli linguistici tra individui che utilizzano una particolare lingua per comunicare consente una socializzazione simbolica delle loro esperienze e porta a un modo migliore di utilizzare questi simboli, consentendo così un'evoluzione storica e dinamica del linguaggio utilizzato nella comunicazione umana.

[...] Tutti i simboli e le costruzioni di una data lingua non sono stati inventati tutti insieme, e una volta inventati non rimangono generalmente identici a lungo. Al contrario, i simboli linguistici si evolvono, cambiano e accumulano modifiche nel corso del tempo storico, man mano che le persone li usano tra loro [...] (TOMASELLO, 2003, p.58).

In quest'ottica, Melo (2015, p. 41) afferma che è possibile affermare che, fin dalla nascita, quando i bambini iniziano il loro processo di interazione con l'ambiente socio-culturale, sia attraverso i genitori che le persone che si prendono cura di loro, essi partecipano alle modificazioni storiche e culturali della lingua, oltre ad agire come soggetto di questo processo, contribuendo alla sua evoluzione. Pertanto,

[...] è solo quando il bambino inizia a percepire se stesso e l'altro come un agente intenzionale, secondo Tomasello (2003), che si può osservare questa azione che caratterizza i cambiamenti nelle strutture linguistiche, passando da forme più semplici a forme complesse, che permettono agli utenti di una data lingua, secondo le loro culture, di condividere simboli e comunicare. Per questo studioso, sono le differenze culturali tra i popoli a caratterizzare le particolarità delle lingue (MELO, 2015, p. 41-42).

Così, possiamo capire che il linguaggio, per Tomasello, è un processo cognitivo universale, essendo il risultato di eredità biologiche, che vengono elaborate e modificate in base alle pratiche d'uso e agli sviluppi socioculturali, basandosi quindi su "[...] modi universalmente umani di sperimentare il mondo (...) e su alcuni processi di creazione culturale e sociogenesi" (TOMASELLO, 2003 p. 61).

Seguendo questo principio, possiamo trovare le condizioni per l'acquisizione del linguaggio da parte del bambino, tenendo conto che fin dalla nascita, nel suo processo ontogenetico, "[...] inizia lo sviluppo delle sue capacità intellettive nell'interazione con l'ambiente, con l'altro e, quindi, con le risorse socio-culturali e storiche disponibili [...]" (MELO, 2015, p.42). Ed è proprio in questi contesti, secondo Tomasello, che possiamo trovare le abilità cognitive per il linguaggio, che sono universalmente disponibili.

Il luogo in cui i bisogni intellettuali si incontrano direttamente con le risorse culturali è senza dubbio l'ontogenesi umana. Infatti, la sociogenesi e la storia culturale possono essere intese come una serie di ontogeni in cui i membri maturi e immaturi di una cultura imparano ad agire in modo efficiente [...]. Le abilità cognitive di base necessarie per l'acquisizione del linguaggio [...] sono universalmente disponibili per gli esseri umani (TOMASELLO, 2003 p.65).

Sappiamo che Tomasello considera sia il processo storico nella realizzazione del linguaggio sia l'interazione con l'ambiente (linee individuali e culturali) per lo sviluppo del bambino. Fondamentalmente, queste due linee si incontrano in due processi: l'imitazione e la creazione.

Nella misura in cui i bambini si appropriano delle convenzioni culturali che hanno appreso attraverso l'imitazione o qualche altra forma di apprendimento culturale, compiono un salto creativo che li supera e deducono da soli qualche relazione categoriale o analogica (TOMASELLO, 2003, p.72).

In quest'ottica, possiamo capire che l'eredità culturale o l'apprendimento culturale, secondo Tomasello (2003, p. 71) "si concentra sui fenomeni intenzionali in cui un organismo adotta il comportamento o la prospettiva di un altro in relazione a una terza entità". In questo modo, secondo Melo (2015, p. 43) dovremmo comprendere quanto siano importanti le convenzioni culturali, "[...] ovvero le attività culturali socialmente condivise tra i bambini [...] e gli adulti più esperti [...]", perché con la maturazione di questo processo, il bambino non solo si appropria della cultura già prodotta, ma può rielaborare creativamente e stabilire nuove relazioni e trarre le proprie deduzioni.

Vale la pena sottolineare che, pur considerando entrambi i processi (biologico e culturale), Tomasello (2003, p. 70-71) opera una distinzione tra le linee dell'eredità biologica e dell'eredità culturale. Secondo l'autore, questa distinzione avviene come segue,

La *linea di* sviluppo cognitivo *individuale* riguarda le cose che l'organismo conosce e apprende da solo, senza l'influenza diretta di altre persone o dei loro artefatti, mentre la *linea di* sviluppo cognitivo *culturale* riguarda le cose che l'organismo conosce e apprende attraverso atti in cui cerca di vedere il mondo attraverso la prospettiva di altre persone (enfasi aggiunta).

Sebbene la linea individuale, presentata nella distinzione di Tomasello, si dimostri uno sviluppo che avviene in modo autonomo, non sembra chiaro che si sviluppi senza l'influenza della linea culturale, dal momento che il bambino impara una lingua secondo la cultura vigente nel luogo in cui è nato. Pertanto, per Melo (2015, p. 42), l'acquisizione linguistica,

Da questa prospettiva, potrebbe rappresentare qualcosa di più dell'interazione di queste linee: forse una complementarità tra la capacità cognitiva umana di apprendere e l'esperienza interattiva del bambino nel mondo socio-culturale. Infatti, secondo lo stesso Tomasello (2003, p. 131), "il linguaggio è un'istituzione sociale simbolicamente incorporata che è storicamente emersa da attività socio-comunicative preesistenti".

Da questa prospettiva, l'uso del linguaggio da parte del bambino sembra essere un impulso importante e persino una condizione importante per l'acquisizione e la padronanza del linguaggio.

Uno dei punti chiave per la comprensione della cognizione umana e dell'ontogenesi presentati da Tomasello è l'importanza dell'intenzionalità per lo sviluppo umano. Tuttavia, dobbiamo renderci conto che la comprensione dell'azione intenzionale "[...] sebbene sia considerata un adattamento biologico nel modello di Tomasello, non emerge immediatamente o si sviluppa pienamente subito dopo la nascita di un bambino umano. [...]" (ALLAN e SOUZA, 2009, p. 163). In altre parole, l'intenzionalità è un processo graduale che coinvolge l'organizzazione delle azioni sensoriali-motorie del bambino umano, l'identificazione con i suoi co-specifici e la sua formazione effettiva, che dovrebbe avvenire intorno ai nove mesi di età.

Àllan e Souza (2009) discutono tre livelli di comprensione dell'azione intenzionale durante lo sviluppo ontogenetico umano, elaborati da Tomasello et al:

a)   *Comprensione dell'azione animata.* Intorno ai sei mesi di età, i bambini iniziano a comprendere i loro co-specificatori come capaci di azione spontanea e possono seguire la loro direzione d'azione e costruire le proprie esperienze in termini di azione in contesti familiari. Un aspetto del comportamento del bambino in questo periodo è il suo rapporto quotidiano con l'ambiente fisico e sociale;

b)   *Comprendere l'azione orientata agli obiettivi.* A nove mesi di età, i bambini iniziano a mostrare un modello di cognizione sociale diverso da quello dei primati non umani. Cominciano a rendersi conto che i loro co-specifici sono in grado di compiere azioni specifiche e di produrre obiettivi specifici.

c)   *Comprendere la pianificazione dell'azione.* A circa quattordici mesi di età, i bambini capiscono che i loro co-specificatori sono in grado di selezionare piani d'azione per produrre obiettivi in contesti specifici. Sono anche in grado di impegnarsi in forme di apprendimento culturale, anticipando le azioni dei loro co-specifici e imparando a fare cose stabilite nella loro cultura.

Sulla scia degli studi di Tomasello, Àllan e Souza (2009), si afferma che durante il primo anno di vita i bambini, oltre a sviluppare le capacità di comprendere l'azione intenzionale e la motivazione a condividere l'intenzionalità, iniziano a condividere con gli adulti alcuni aspetti della propria esperienza. Queste forme di interazione tra bambini e adulti (intenzionalità condivisa) sono caratterizzate da tre livelli: *impegno diadico.* Intorno ai sei mesi di età, i bambini iniziano a condividere azioni e stati emotivi con i loro coetanei; *impegno triadico*[3] . A nove mesi, i bambini condividono obiettivi, azioni e percezioni reciproche con le loro co-specie; *impegno collaborativo.* Tra i quattordici mesi, i bambini condividono stati intenzionali e percezioni con le loro co-specie, intraprendendo azioni congiunte per raggiungere l'obiettivo condiviso. È attraverso l'impegno collaborativo che i bambini sperimentano situazioni uniche di interazione sociale, apprendimento culturale, comunicazione simbolica e rappresentazione cognitiva.

Per quanto riguarda l'impegno collaborativo, Àllan e Souza (2009, p. 164) affermano che "[...] i bambini imparano a interiorizzare, sotto forma di rappresentazioni cognitive dialogiche, le prospettive degli adulti e a usarle per mediare la loro comprensione del mondo e della cultura umana. [...]".

Per una migliore comprensione dei tre livelli di azione intenzionale e di intenzionalità condivisa, abbiamo riprodotto una tabella presentata dagli autori, elaborata da Tomasello e colleghi (figura 1). La prima tabella mostra i tre livelli di comprensione dell'azione intenzionale. La seconda tabella mostra la motivazione della condivisione dell'intenzionalità. La terza tabella mostra i livelli di intenzionalità condivisa. Infine, il gruppo di età del bambino.

I concetti presentati in questa tabella sono estremamente importanti per comprendere l'attenzione congiunta, in particolare gli impegni triadici e collaborativi. Impegnandosi in triadi e in collaborazione con gli adulti, i bambini iniziano a sperimentare scene di attenzione congiunta.

Figura 1 - Schema dello sviluppo della comprensione dell'azione intenzionale e dell'intenzionalità condivisa durante il primo anno di vita del bambino

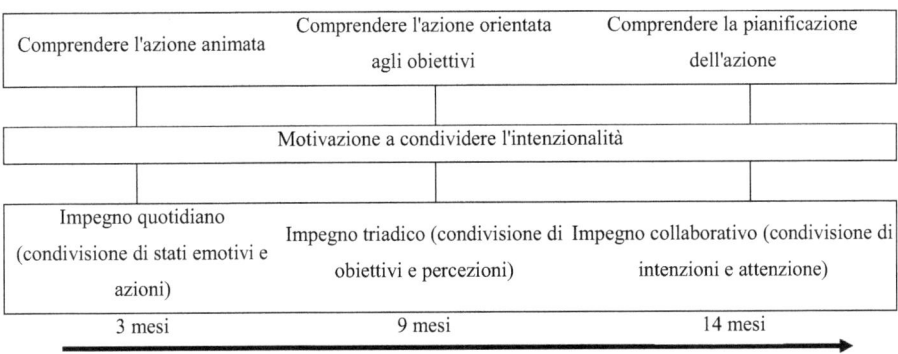

Fonte: (Tomasello & cols., 2005, *apud, Àllan* e Souza, 2009, p.164)

Sono stati presentati perché Tomasello (2013) afferma che l'attenzione congiunta è di fondamentale importanza per l'acquisizione del linguaggio. Nei suoi studi definisce questa

---

3 Melo (2015), in uno studio sulle interazioni sociali di attenzione congiunta tra insegnanti e bambini nel processo di acquisizione del linguaggio, ha identificato un altro tipo di interazione, che ha chiamato *interazione quadratica* (enfasi aggiunta).

Si tratta di "interazioni sociali in cui il bambino e l'adulto prestano congiuntamente attenzione a una terza cosa e all'attenzione reciproca verso la terza cosa, per un periodo di tempo ragionevole" (TOMASELLO, 2003, p. 135). Si tratta quindi di interazioni che comportano la coordinazione reciproca dell'adulto e del bambino verso un elemento osservato congiuntamente (Idem).

Sappiamo che i bambini imparano sia in situazioni con un adulto, sia con un altro bambino, sia con se stessi, quindi i bambini imparano e si sviluppano costantemente. Come abbiamo già spiegato, anche prima di acquisire la capacità di comunicare verbalmente, i bambini sono in grado di esprimersi/comunicare con i membri della loro cultura attraverso azioni e gesti, quindi finiscono per sviluppare strumenti comunicativi. Questi strumenti comunicativi possono essere chiamati linguaggi multipli che vengono sviluppati ed espressi dal bambino.

2.3 Più lingue

Abbiamo iniziato la nostra discussione presentando la creazione e l'evoluzione del sentimento dell'infanzia e la (in)visibilità che i bambini hanno subito (subiscono) in alcuni periodi della nostra storia. Abbiamo poi affrontato alcune delle prospettive teoriche che discutono il linguaggio alla luce di Tomasello (2003) e Vygotskij (1987). Abbiamo fatto questo percorso perché crediamo che i molteplici linguaggi utilizzati dai bambini, e meglio osservati nelle pratiche pedagogiche scolastiche, siano interconnessi con il loro processo di sviluppo e acquisizione del linguaggio, in altre parole, il processo di acquisizione e apprendimento di una lingua, di utilizzo del linguaggio.

Considerando che i bambini non usano solo il linguaggio orale per comunicare e che questa molteplicità di linguaggi è presente nelle pratiche scolastiche e talvolta le costituisce, abbiamo condotto la nostra ricerca con gli insegnanti che lavorano con i bambini nell'ambito dell'educazione della prima infanzia, più specificamente con i bambini da 0 a 3 anni, per analizzare come considerano le varie forme di comunicazione e di espressione che usano. È possibile constatare che fin dalla più tenera età, questa comunicazione può essere osservata attraverso i movimenti del corpo, i suoni, la musica, la danza, il disegno, ecc. Palomo (2001) afferma che il linguaggio è un sistema complesso di significato e comunicazione e può essere di due tipi: **verbale**, i cui segni sono le parole, e **non verbale**, che utilizza altri segni come immagini, suoni e gesti. Di seguito discuteremo i molteplici linguaggi menzionati dagli insegnanti coinvolti nel nostro processo di ricerca.

2.3.1 Il movimento e il bambino

Fin da prima della nascita, nel grembo della madre, il bambino si muove e alla nascita questi movimenti diventano costanti e nel corso della sua crescita saranno utilizzati per comunicare inizialmente con la madre, ma con il progredire del suo sviluppo si appropria di nuove possibilità corporee, in modo che avvenga un'interazione sempre più elaborata con il mondo sociale in cui vive.

È attraverso il movimento che i bambini "[...] imparano a conoscere se stessi, a relazionarsi con gli altri e con gli oggetti, a sviluppare le proprie capacità e ad apprendere abilità. [...]" (GARANHANI, NADOLNY, 2011). In questo modo, il movimento è più di un semplice spostamento del corpo nello spazio, è un linguaggio che permette ai bambini di agire sull'ambiente fisico, di inserirsi nell'ambiente sociale, di esprimere i propri pensieri e di sperimentare relazioni con oggetti e persone.

Secondo Galvao (2008, p. 69) Wallon ritiene che "[...] oltre al suo ruolo nella relazione con il mondo fisico (realizzazione di abilità motorie), il movimento gioca un ruolo fondamentale nell'affettività e anche nella cognizione [...]".]", in altre parole, il movimento non si limita a muovere il corpo, ma è anche un processo che utilizza fattori cognitivi ed emotivi per concretizzarsi, perché muovendosi il bambino esprime sentimenti, emozioni e pensieri, ampliando le possibilità di utilizzo significativo dei gesti e delle posture del corpo.

In questo modo, il movimento è visto da noi come un **linguaggio**, perché riteniamo che in un contesto interattivo, il movimento possa essere caricato di significato e di intenzioni, e quindi anche considerato una dimensione importante dello sviluppo umano e della cultura. Secondo il Referencial Curricular Nacional para a Educaçao Infantil - RCNEI (BRASIL, 1998, vol. 3, p.47),

I modi di camminare, correre, lanciare e saltare sono il risultato delle interazioni sociali e delle relazioni dell'uomo con l'ambiente; sono movimenti i cui significati sono stati costruiti in base ai diversi bisogni, interessi e possibilità corporee dell'uomo presenti nelle diverse culture in diversi momenti della storia.

Secondo Wallon (1975), prima di stabilire una relazione con l'ambiente fisico, il movimento agisce sull'ambiente umano, raggiungendo le persone attraverso il suo contenuto espressivo. Per l'autore, il movimento ha un ruolo più importante della semplice relazione con il mondo fisico; secondo lui, è attraverso il movimento che i bambini sviluppano la cognizione e l'affettività fin dalla nascita. L'autore sottolinea che la funzione primaria del movimento è quella di aiutare i bambini a sviluppare la loro affettività e che, nel corso del loro sviluppo, i bambini iniziano a stabilire una relazione con il mondo fisico attraverso il movimento e di conseguenza sviluppano la loro dimensione cognitiva.

Wallon (1979) ci mostra anche che nella prima infanzia l'atto mentale si sviluppa nell'atto motorio, in altre parole, il bambino pensa mentre compie l'azione e questo significa che il movimento del corpo assume un ruolo di primo piano nelle prime fasi dello sviluppo infantile. Ma come avviene tutto ciò?

Per Wallon (1979, p. 74) "l'organo del movimento in tutte le sue forme è la muscolatura striata" e ha due funzioni: la *funzione cinetica* e la *funzione tonica*. La funzione cinetica è caratterizzata dall'allungamento e dall'accorciamento delle fibre muscolari e rende possibile il movimento stesso. La funzione tonica è caratterizzata dalla variazione del livello di tensione dei muscoli per mantenere l'equilibrio del corpo e costituisce gli atteggiamenti, cioè le reazioni posturali. Anche in un'attività cinetica (il movimento stesso) i muscoli dipendono dalla funzione tonica, necessaria per mantenere la postura del corpo.

[...] La funzione tonica, che mantiene un certo livello di tensione nel muscolo, varia a seconda delle condizioni fisiologiche del soggetto o delle difficoltà dell'atto da compiere. È il tono che mantiene i muscoli nella forma che ha dato loro il movimento, nel caso in cui questo venga interrotto. Accompagna il movimento per sostenerne lo sforzo nella misura della resistenza incontrata, ma può dissociarsi da esso e trasformarlo in un atteggiamento stabile, cioè l'immobilità (WALLON, 1979, p.74-75).

In questo modo, l'equilibrio corporeo è regolato dalla funzione tonica, sia in movimento che in immobilità, ma il suo scopo principale è l'espressione delle emozioni. Secondo Garanhani (2005, p. 2018) le emozioni sono seguite dalla mimica facciale e corporea, che si traduce in atteggiamenti che hanno significati specifici a seconda della cultura di appartenenza. "Gli atteggiamenti sono quindi legati, da un lato, all'accomodamento o alla mobilitazione del bambino nel processo di adattamento all'ambiente e, dall'altro, alla sua vita emotiva". "Tuttavia, "questo intero apparato funzionale è ben lungi dall'essere in uno stato operativo fin dalla nascita. Le sue componenti appariranno ciascuna a suo tempo e permetteranno al bambino di modificare le sue relazioni con l'ambiente" (WALLON, 1979, p. 75).

Secondo Garanhani (2005), Wallon, nel descrivere il processo di sviluppo infantile, sottolinea che il bambino, fin dall'inizio del suo sviluppo, stabilisce relazioni di comunicazione con l'ambiente, attraverso la selezione di movimenti corporei che garantiscono la sua vicinanza agli altri e la soddisfazione dei suoi bisogni. In altre parole, i movimenti inizialmente rappresentano/trasmettono sensazioni di benessere o disagio.

Con il progredire dello sviluppo, la relazione del bambino con l'ambiente facilita la discriminazione dei modi di comunicare, con la deambulazione e la parola che innescano un salto di qualità nello sviluppo della prima infanzia, consentendo una maggiore autonomia e indipendenza nell'indagine dello spazio e degli oggetti che vi si trovano (GARANHANI, 2005, p.2018).

In questo modo, il movimento è uno dei primi linguaggi utilizzati dai bambini per comunicare con il mondo sociale, che nel corso dello sviluppo mentale/corporeo incorpora nuovi linguaggi che generano autonomia e indipendenza per il bambino, ma il movimento non viene dimenticato, si sviluppa in base allo sviluppo del bambino.

2.3.2 Il linguaggio della musica

Nel corso del nostro lavoro abbiamo dimostrato che i bambini utilizzano diversi linguaggi per comunicare, conoscersi e appropriarsi delle culture già presenti nel loro ambiente sociale. E che si tratta di un lungo processo che inizia con il contatto con la madre, ad esempio attraverso il pianto per esprimere ciò che provano, e si estende ed evolve per tutta la vita nelle situazioni comunicative presenti nelle relazioni interpersonali.

Afonso (2011) ci riporta indietro nel tempo, alle cure che per lungo tempo sono state riservate ai neonati. Venivano protetti dal contatto con le persone e con il mondo, perché si riteneva che i bambini dovessero essere protetti dai rumori, dai colori, dalla luce, dai suoni e dalle persone stesse, in quanto queste interazioni potevano danneggiare la loro salute e il loro benessere fisico e mentale.

L'autore ci mostra anche il motivo per cui queste usanze sono state accantonate, uno dei quali è che con il "[...] progresso della ricerca in diversi campi del sapere, si è cominciato a valorizzare l'interazione del bambino con i vari linguaggi artistici fin dalla più tenera età" (AFONSO, 2011, p.109). (AFONSO, 2011, p.109) e la difesa da parte di alcuni studiosi dell'idea che i bambini, ancor prima di nascere, debbano essere stimolati dalla musica, dalla conversazione e da altre lingue, perché il contatto con questi linguaggi fornirebbe al bambino, ancora nel grembo materno, la vicinanza all'arte "[...] sensibilizzandolo alle interazioni importanti per il suo sviluppo".

Oltre ai fatti presentati dall'attore, riteniamo che la crescente importanza delle politiche pubbliche per l'educazione della prima infanzia abbia contribuito a far sì che i nostri bambini abbiano contatti con linguaggi artistici e corporei in età sempre più precoce. Il risultato di una di queste politiche è il RCNEI (BRASIL, 1998). Il RCNEI suggerisce che, nel contesto dell'esperienza di conoscenza del mondo, gli assi di lavoro si orientino verso la costruzione di diversi linguaggi da parte dei bambini e le relazioni che essi stabiliscono con gli oggetti della conoscenza: movimento, musica, arti visive, linguaggio orale e scritto, natura, società e matematica.

In quest'ottica, possiamo dire che la musica e la danza sono linguaggi presentati e appresi dai bambini, linguaggi che si manifestano in modi diversi e che sono interconnessi con la cultura della società in cui il bambino è inserito.

Secondo il Referencial Curricular para a Educaçao Infantil (BRASIL, 1998, p.45),

La musica è il linguaggio che traduce in forme sonore capaci di esprimere e comunicare sensazioni, sentimenti e pensieri, attraverso l'organizzazione e il rapporto espressivo tra suono e silenzio. La musica è presente in tutte le culture, nelle situazioni più diverse: feste e celebrazioni, riti religiosi, manifestazioni civili e politiche, ecc.

Possiamo quindi constatare che la musica è un fenomeno globale e culturale che ha molte facce ed è spesso in grado di abbattere le barriere che l'uomo stesso costruisce. La musica ci porta a scoprire nuove culture e costumi ed è in grado di calmarci, rilassarci e divertirci. In questo modo, la musica non può che arricchire il processo di vita e di apprendimento del bambino e migliorare il lavoro dell'insegnante.

La musica deve essere utilizzata nell'educazione della prima infanzia per una serie di motivi. Uno di questi motivi è il fatto che molti bambini hanno già un contatto con la musica prima ancora di nascere. Dopo la nascita, questo contatto può avvenire negli ambienti familiari, nella chiesa che la famiglia frequenta e, nel corso del loro sviluppo, nei giochi che fanno. Secondo Souza e Joly (2010, p. 98) "[...] quando i bambini giocano o interagiscono con l'universo sonoro, finiscono per scoprire, anche se in modo semplice, diversi modi di fare musica". Possiamo quindi dire che il fare musica nasce in base al gioco e anche in base alla situazione vissuta dal bambino.

Attraverso il gioco, i bambini si relazionano con il mondo che scoprono ogni giorno ed è così che fanno musica: giocando. Sempre ricettivi e curiosi, cercano materiali sonori, inventano melodie e ascoltano con piacere la musica di popoli e luoghi diversi (JOLLY, 2003, p. 116).

Come abbiamo già detto, la musica è strettamente legata alla cultura e già prima di nascere un bambino entra in contatto con parte di questa cultura. Attraverso questo piccolo contatto, nel corso dello sviluppo, i bambini iniziano ad ampliare i loro sensi sonori e a conoscere meglio una parte di questa cultura legata al loro ambiente sociale, iniziando a identificare e a sviluppare un legame con la musica che li circonda. È per questo che assume significati diversi in ogni cultura, perché, secondo Penna (2008), la musica è,

[...] un linguaggio culturale, consideriamo familiare quel tipo di musica che fa parte della nostra esperienza; proprio perché fa parte della nostra esperienza ci permette di familiarizzare con i suoi principi di organizzazione sonora, che rendono la musica significativa per noi" (p. 21).

In questo modo ci abituiamo e ci identifichiamo con i modelli di organizzazione del suono presenti nella nostra cultura, il che ci permette di stabilire legami con le persone, i costumi e le tradizioni del luogo in cui viviamo. A questo proposito, l'autore afferma che:

[...] la comprensione della musica, o anche la sensibilità ad essa, si basa su un modello culturalmente condiviso per l'organizzazione dei suoni in un linguaggio artistico, un modello che, socialmente costruito, è socialmente appreso - attraverso l'esperienza, il contatto quotidiano, la familiarizzazione - sebbene possa anche essere appreso a scuola" (PENNA, 2008, p. 29).

Con questo possiamo affermare che il lavoro con la musica può avvenire nell'ambiente scolastico, come abbiamo già riportato. Nel RCNEI, in particolare nel terzo volume, c'è una sezione dedicata a questi contenuti. In questo documento, possiamo vedere che l'esperienza musicale può fornire ai bambini l'integrazione di esperienze che coinvolgono la pratica e la percezione, come:

l'apprendimento, l'ascolto e il canto di una canzone, i giochi manuali o il gioco del pallone. Così, attraverso lo sviluppo e la comprensione di queste attività, i bambini raggiungono livelli sempre più sofisticati, in quanto iniziano a padroneggiare questi contenuti, permettendo loro di trasformarli e ricrearli. La RCNEI sottolinea che la musica è una parte importante del processo di sviluppo e di apprendimento del bambino, che è alleato del movimento del corpo:

Il gesto e il movimento del corpo sono legati e connessi al lavoro musicale. Essa coinvolge sia il gesto che il movimento, perché il suono è anche gesto e movimento vibratorio, e il corpo traduce in movimento i diversi suoni che percepisce. I movimenti di piegamento, equilibrio, torsione, allungamento ecc. e quelli di locomozione come camminare, saltare, correre, saltare, galoppare ecc. stabiliscono relazioni dirette con i diversi gesti sonori (BRASIL, 1998, p. 61).

In questo modo, il movimento diventa un forte alleato nell'insegnamento e nell'apprendimento della musica e, come vedremo più avanti, la danza sarà coinvolta anche nell'apprendimento e nell'identificazione culturale di alcuni stili musicali.

Oltre a quanto abbiamo già dimostrato, l'insegnamento della musica può contribuire non solo alla formazione musicale degli studenti,

[...] ma soprattutto come strumento efficace di trasformazione sociale, dove l'ambiente di insegnamento e apprendimento può fornire il rispetto, l'amicizia, la cooperazione e la riflessione che sono così importanti e necessari per la formazione umana. [...] (SOUZA E JOLLY, 2010, p. 100).

Affinché ciò avvenga, possiamo notare che i contenuti musicali devono essere sviluppati nei corsi di musica per bambini, ma anche altre abilità come la socializzazione, l'affettività, la creatività, l'immaginazione, la comunicazione e altre ancora saranno lavorate contemporaneamente. Secondo il RCNEI:

L'integrazione di aspetti sensibili, affettivi, estetici e cognitivi, così come la promozione dell'integrazione sociale e della comunicazione, conferiscono al linguaggio musicale un carattere significativo. Si tratta di una delle forme più importanti di espressione umana, che di per sé giustifica la sua presenza nel contesto dell'educazione in generale e di quella della prima infanzia in particolare (BRASIL, 1998, p. 45).

2.3.3 La danza come linguaggio espressivo e corporeo nell'educazione della prima infanzia

Un fatto che non si può negare è che i bambini sono in costante movimento, il che contribuisce al loro apprendimento e sviluppo, come abbiamo già dimostrato. Un altro tipo di movimento che contribuisce all'apprendimento e allo sviluppo del bambino è la danza.

La danza è un forte alleato per conoscere nuove culture e riconoscere la nostra. È uno dei quattro linguaggi artistici che dovrebbero essere trattati nei programmi scolastici e il quarto ad essere riconosciuto come area di conoscenza. Sappiamo che l'insegnamento dell'arte è stato reso

25

obbligatorio nella scuola primaria con la legge n.

9694/96 recita: "L'insegnamento dell'arte sarà una componente curricolare obbligatoria, ai vari livelli dell'istruzione di base, al fine di promuovere lo sviluppo culturale degli studenti" (art. 26). Tuttavia, la sua introduzione nelle scuole è ancora recente, generando così la comprensione che la danza ha i suoi segni, dove questi segni possono essere osservati nella contestualizzazione della danza, nella sua storia e nell'esperienza della danza stessa, cioè negli elementi che la compongono, come i repertori, l'improvvisazione e la composizione coreografica.

Il linguaggio della danza a scuola può fornire uno stretto contatto con la cultura locale, nel senso di ampliare l'osservazione dei modi di danzare e di percepire il corpo in **movimento**, di elaborare nuove possibilità estetiche, di salvare storie di corpi e di costruirne molte altre. Oltre alla cultura locale, la danza può mettere i bambini in contatto con nuove culture.

La danza permette ai bambini di costruire diversi modi di relazionarsi con se stessi, con gli altri e con l'ambiente socio-culturale. In altre parole, la danza non è solo movimenti provati, ma anche la costruzione della conoscenza di sé, dell'affetto, dell'interazione con gli altri e del rispetto per se stessi e per il prossimo.

Il National Curriculum Framework for Early Childhood Education (BRASIL, 1998) include la danza come parte dell'asse del movimento, e attraverso questo possiamo sviluppare un nuovo concetto, che va di pari passo con quanto già detto, ovvero che la danza è espressione corporea e lettura sociale, che motiva e crea consapevolezza sostenibile. Nel RCNEI:

Il movimento umano, quindi, è più che un semplice movimento del corpo nello spazio: è un linguaggio che permette ai bambini di agire sull'ambiente fisico e sull'ambiente umano, mobilitando le persone attraverso il suo contenuto espressivo (BRASIL, 1998).

L'espressione attraverso il movimento accompagna lo sviluppo e la vita dell'uomo. Questi movimenti possono esprimere sentimenti, emozioni e stati intimi, che variano a seconda della cultura e del suo modo di esprimersi.

Affinché l'insegnamento della danza offra nuove opportunità di apprendimento ai bambini, Verderi (2009) afferma che:

La danza a scuola dovrebbe offrire agli studenti l'opportunità di sviluppare tutti i domini del comportamento umano e, attraverso la diversificazione e la complessità, l'insegnante dovrebbe contribuire alla formazione di strutture corporee più complesse.

Spetta quindi all'insegnante stimolare i contenuti di questa cultura corporea, favorendo la formazione di processi cognitivi, motori e socio-affettivi, in grado di suscitare l'interesse degli studenti per il processo educativo.

La danza offre un momento in cui possiamo toccare la nostra interiorità, attraverso i sensi, leggendo il mondo con un nuovo linguaggio, e in questo modo l'educazione svolge appieno la sua funzione. È nell'educazione della prima infanzia che possiamo fornire un migliore apprendimento della danza e consentire ai bambini di svilupparsi in modo ottimale, perché tutto penetra attraverso il contatto con il mondo attraverso il loro corpo. Tuttavia, l'insegnamento della danza non dovrebbe essere limitato alla scuola materna, ma a tutta l'istruzione primaria.

Oltre al movimento, alla musica e alla danza come linguaggi multipli presentati dai bambini, ne abbiamo uno inevitabile quando parliamo di infanzia/bambini: il *gioco*. Il gioco è il linguaggio che utilizziamo per identificare l'infanzia e attraverso di esso possiamo comprendere il contesto culturale in cui il bambino è inserito. È anche attraverso il gioco che possiamo osservare i diversi linguaggi che utilizzano, come se fossero in sintonia tra loro. Nel gioco possiamo far convivere musica, movimento, danza e parola.

2.3.4 Il gioco: espressione di più linguaggi - piacere e apprendimento

Un'altra fonte di apprendimento per i bambini è il gioco. Possiamo dire che il gioco apre al bambino molteplici finestre di interpretazione, comprensione e azione sulla realtà. Attraverso il gioco, i bambini possono riprodurre situazioni reali, modificare cose e oggetti, inventare e realizzare azioni e interazioni con l'aiuto di gesti, espressioni e parole, possono tornare indietro nel tempo e diventare un signore, una principessa e persino un drago. Tutto questo è possibile grazie all'inesauribile fonte di immaginazione del bambino, che il più delle volte agisce guidato da essa e dai significati creati e condivisi con i coetanei.

Quando i bambini giocano, non solo esprimono e comunicano le loro esperienze, ma rielaborano se stessi, riconoscendosi come soggetti appartenenti a un gruppo sociale e a un contesto culturale, di cui rappresentano le relazioni sociali e i significati culturali presenti. Come afferma Borba (2006, p. 47) "[...] il gioco è quindi un'esperienza di cultura, attraverso la quale valori, abilità, conoscenze e forme di partecipazione sociale vengono costituiti e reinventati dall'azione collettiva dei bambini".

In questo modo, il gioco è un fenomeno culturale, perché si configura insieme a un insieme di pratiche e conoscenze prodotte, costruite e accumulate nel tempo, come dimostra il fatto che possiamo ancora vedere i bambini giocare a hopscotch, ring toss, ciranda, biglie e altri giochi che i loro nonni facevano quando erano bambini. Borba (2006, p. 47) sottolinea che:

Giocando con gli altri e partecipando ad attività ludiche, i bambini costruiscono un repertorio di giochi e di riferimenti culturali che costituiscono la cultura ludica infantile, cioè l'insieme delle esperienze che permettono ai bambini di giocare insieme (BROUGÈRE, 2002). In altre parole, la cultura ludica rende possibile il gioco, ma è nello spazio sociale del gioco stesso che emerge e si arricchisce.

Di conseguenza, possiamo dire che i bambini imparano giocando da soli, tra loro e con gli adulti, e questo gioco nasce, rinasce e si arricchisce. Gli adulti e i bambini trasmettono le culture prevalenti sulla base dei riferimenti culturali che hanno costruito e Borba (2006) aggiunge che, man mano che i bambini si sviluppano, si appropriano di questa forma di azione sociale e della collezione culturale di giochi storicamente costruita nel loro contesto sociale. L'autore afferma che:

Fin dalla più tenera età, i bambini sviluppano situazioni di interazione con gli anziani, che sono modi essenziali per imparare a giocare. I giochi degli adulti, che nascondono pezzi di stoffa o altri paraventi e poi sorprendono il bambino trovandoli, sono esempi di questo tipo di interazione ludica. Le espressioni di gioia del bambino incoraggiano il gioco a continuare e, gradualmente, il bambino assume un ruolo più attivo, assumendo anche il ruolo dell'adulto. Il bambino impara a riconoscere alcune caratteristiche distintive del gioco: l'aspetto fittizio, perché la persona non scompare davvero, è una finzione, su un piano diverso dalla realtà immediata; la ripetizione, che dimostra che si può sempre tornare all'inizio senza che la realtà cambi; la necessità che i partner siano d'accordo nel giocare insieme e l'assenza di conseguenze e di impegno nei confronti dei risultati, perché è più importante come si gioca che quello che si cerca (BORBA, 2006, p.48).

È quindi possibile affermare che il gioco è una fonte di conoscenze ricche che possono essere trasmesse al bambino, senza la necessità di dire al bambino cosa sta imparando o sviluppando, il gioco da solo può raggiungere questo obiettivo. Allora ci chiediamo: perché il gioco è spesso escluso dalle aule scolastiche, visto che può solo contribuire all'apprendimento del bambino? Riteniamo che la ragione di questa "esclusione" sia dovuta al fatto che gli insegnanti e gli educatori trovano difficile collegare il gioco, l'apprendimento e il programma di studio in modo che l'uno non interferisca con l'altro. Ma secondo Moyles (2006, p. 15) "un semplice modello di curriculum per la scuola materna ed elementare indica che non c'è bisogno di alcun conflitto di interessi, poiché ogni elemento si collega facilmente agli altri. [...]".

Oltre a un curriculum semplice ma strutturato, che garantisca l'intreccio di ogni aspetto, è necessario sottolineare che quando il gioco viene introdotto in classe, gli educatori devono strutturare il campo del gioco nella vita dei bambini, mettendo a disposizione oggetti, fantasie, giocattoli o giochi e fornendo spazio e tempo per il gioco, come indicato dal National Curriculum Reference for Early Childhood Education - RCNEI (BRASIL, 1988).

Secondo Piaget (1951), il gioco è estremamente caratteristico nella fascia di età compresa tra i 2 e i 6 anni. Per l'autore, il gioco si divide in: gioco **pratico**, **gioco simbolico** e **giochi con regole**. Il gioco pratico si svolge tra i 6 mesi e i 2 anni di età e comprende essenzialmente il gioco sensoriale, motorio ed esplorativo del bambino. Il gioco simbolico si svolge tra i 2 o 3 anni e i 6 anni e comprende la finzione, la fantasia e il gioco socio-drammatico. Infine, i giochi con regole, che sono caratteristici del gioco/attività dei bambini di 6-7 anni. È importante sottolineare che gran parte del gioco di un bambino sarà simbolico, poiché i bambini reinventano un'azione o un oggetto distorcendo i significati che avrebbero nella "vita reale".

Ma come possiamo comprendere il comportamento ludico dei bambini? Secondo Moyles (2006, p. 16), molti educatori utilizzano il modello di gioco creato da Corinne Hult (1979). Il modello sviluppato da Hult consiste in una divisione del gioco in tre categorie: *comportamento epistemico*, *comportamento ludico* e *gioco con regole*. Secondo Moyles (2006), la spiegazione di Hult del gioco epistemico si basa sul fatto che i bambini esplorano vari materiali e acquisiscono conoscenze e abilità manipolative, che sono un prerequisito per lo sviluppo di altre conoscenze e abilità. Gli elementi ludici del gioco, che includono il modo in cui i bambini si impegnano nel contesto della finzione, consentono maggiori opportunità e creatività nel gioco linguistico e costituiscono occasioni di prova e pratica. Il gioco attraverso i giochi, invece, si svolge a livelli crescenti di difficoltà e di limitazione determinati da regole e incorporati in semplici giochi sociali, per esempio i giochi numerici e le regole degli indovinelli.

Tuttavia, non esistono solo questi tipi di gioco, ma anche il gioco libero. Nel gioco libero, l'insegnante lascia che i bambini scelgano come e con cosa giocare, portando così non solo divertimento ma anche apprendimento attraverso la libera scelta del bambino. Tuttavia, è bene sottolineare che alcuni giochi liberi possono diventare ripetitivi, quindi si raccomanda agli educatori di cercare di aiutare i bambini a sviluppare il loro gioco. Gli adulti possono stimolare, incoraggiare o sfidare i bambini a giocare in modo più evoluto, ma i compiti che vengono loro richiesti devono rientrare nelle loro competenze e nella loro fascia di età.

Quando giocano, i bambini acquisiscono abilità sociali e fisiche. Come *già detto,* gran parte del gioco è sociale, perché quando i bambini giocano tra loro socializzano e interagiscono. Inoltre, molti teorici sostengono che il gioco apporti diversi benefici intellettuali, perché attraverso il gioco i bambini non imparano solo a imparare, ma imparano a conoscere se stessi.

Il gioco prepara i bambini al futuro, permettendo loro di sperimentare il mondo che li circonda. È attraverso il gioco che le situazioni percepite o vissute dal bambino assumono un nuovo significato. L'ambiente scolastico deve favorire queste interazioni tra il bambino e l'oggetto che ha scelto: è questo scambio e questa interazione tra loro che permetterà loro di costruire e decostruire concetti permeati da un misto di realtà e fantasia.

Il gioco è un punto di riferimento e un obiettivo che deve essere seguito e implementato nella programmazione scolastica, come riconosciuto dal National Framework for Early Childhood Education, oltre che dagli altri temi qui presentati. Il gioco scatena un intero processo di magia, colori e movimenti che aiutano a sviluppare l'intero individuo. I bambini hanno bisogno dell'opportunità di esplorare il mondo, di indagare, di capire quando giocare, sviluppando le loro capacità motorie, emotive e cognitive, in breve, di svilupparsi pienamente. Il gioco è una parte essenziale dell'azione pedagogica, generando il piacere dell'apprendimento che è sottolineato nel National Framework for Early Childhood Education:

Nelle istituzioni educative per la prima infanzia, ai bambini possono essere offerte le condizioni per l'apprendimento che avviene attraverso il gioco e l'apprendimento che deriva da situazioni pedagogiche intenzionali o dall'apprendimento guidato dagli adulti. [...]. Educare significa quindi offrire situazioni di cura, di gioco e di apprendimento guidato in modo integrato che possono contribuire allo sviluppo delle capacità dei bambini di avere relazioni interpersonali, di essere e stare con gli altri in un atteggiamento di base di accettazione, rispetto e fiducia, e all'accesso dei bambini a una conoscenza più ampia della realtà sociale e culturale. [...] (BRASIL, 1998, p. 23).

Così, grazie alla necessità del gioco e alla sua azione nella vita scolastica quotidiana, i bambini non solo formano le loro conoscenze in modo naturale, ma hanno anche l'opportunità di sperimentare situazioni ludiche e piacevoli. In questo modo, il gioco permette ai bambini di sviluppare la capacità di relazionarsi adeguatamente con il mondo circostante, prima in modo imitativo e poi in modo sempre più personale e creativo, permettendo loro di raggiungere l'autonomia.

Riconoscere il gioco e il suo ruolo nell'apprendimento dei bambini non è necessariamente un problema. Numerosi educatori e ricercatori hanno fornito innumerevoli esempi e varie prove del fatto che il gioco è il modo di apprendere del bambino e che trascurare o ignorare il ruolo del gioco come mezzo educativo significa negare la risposta naturale del bambino all'ambiente. Il gioco, quindi, è e dovrebbe essere un diritto di ogni bambino, perché, come abbiamo visto, attraverso il gioco i bambini imparano anche molte abilità e concetti, e questo è un modo per gli educatori e gli insegnanti di trasmettere ai bambini nuove modalità di apprendimento.

2.3.5 Il linguaggio del disegno: l'arte visiva usata dai bambini

Se analizziamo le origini del disegno, vedremo che era già presente nella storia antica attraverso le pitture rupestri. Possiamo quindi dire che il disegno è un linguaggio che si è costruito nel corso degli anni. Come afferma Derdyk (1990, p. 10):

L'uomo ha sempre disegnato. Da sempre ha lasciato tracce grafiche, indici della sua esistenza, comunicati intimi destinati ai posteri. Il disegno, linguaggio così antico e permanente, è sempre stato presente, da quando l'uomo ha inventato l'uomo. Ha attraversato i confini spaziali e temporali e, per la sua semplicità, accompagna ostinatamente la nostra avventura sulla Terra.

In questo modo, possiamo descrivere il disegno come un linguaggio universale, che è legato alla società e alla cultura e si diffonde attraverso diverse generazioni. È un linguaggio che ha le sue peculiarità e la sua storia.

Per Junqueira Filho (2005), il disegno è un linguaggio che ha le sue strutture e le sue regole in cui trasmette tutte le realizzazioni umane, inserendosi in un sistema di rappresentazione come produzione di significato. Disegnando, i bambini imprimono registrazioni e quindi esprimono e comunicano.

I bambini imparano anche a conoscere la propria umanità in quanto, quando disegnano, realizzano - riaffermando e attualizzando - qualcosa di ancestrale alla loro umanità: la capacità e il bisogno degli esseri umani di lasciare segni su se stessi. Sono stati gli esseri umani a inventare il disegno e, così facendo, sono stati in grado di dire qualcosa di sé attraverso le immagini, sono stati in grado di vedersi rappresentati graficamente gli aspetti della loro umanità; si sono lasciati dei segni che hanno contribuito alla produzione della loro umanità, della loro storia; che hanno contribuito alla demarcazione, alla comunicazione e al significato del loro passaggio attraverso la vita, attraverso il pianeta Terra, attraverso il mondo (JUNQUEIRA FILHO, 2005, p. 54).

Possiamo quindi dire che anche il disegno è un segno grafico, come sottolinea Derdyk (1990, p. 101): "Il segno grafico è il risultato di un'azione carica di intenzionalità, non ancora pienamente espressa. L'occhio, spettatore di questa conversazione tra mano, gesto e strumento, percepisce le forme".

Per quanto riguarda il disegno come segno, il National Curriculum Framework for Early Childhood Education (BRASIL, 1998) sottolinea che il disegno come linguaggio indica segni storici e sociali che permettono all'uomo di significare il suo mondo.

Disegnando, i bambini trasmettono i loro desideri, le loro voglie e liberano la loro immaginazione, rappresentando la vita come la vedono. Di conseguenza, è impossibile non vedere un bambino con la matita in mano che disegna, che sia a scuola o meno, così è quasi impossibile non trovare case e scuole con pareti, pavimenti e persino gli stessi bambini disegnati. Secondo Derdyk (2004) il disegno esprime l'esperienza e diventa una forma di gioco che genera piacere.

I primi disegni sono fatti per il piacere di graffiare qualcosa, qualunque sia la superficie. Per giustificare questa affermazione, ci basiamo sul seguente estratto:

I bambini scarabocchiano per il piacere di scarabocchiare, di gesticolare, di migliorarsi. Il grafismo che ne deriva è essenzialmente motorio, organico, biologico e ritmico. Quando la matita scorre sul foglio, appaiono le linee. Quando la mano si ferma, le linee non appaiono. Appaiono e scompaiono. La permanenza della linea sulla carta è investita di magia e stimola sensorialmente il desiderio di prolungare questo piacere (DERDYK, 2004, p.56).

Disegnare non è solo piacevole, è anche un gioco, perché quando si disegna, oltre alla sensazione di piacere, il bambino gioca con il disegno e con i suoi compagni, libera la sua immaginazione e crea storie con il suo disegno. Pertanto, l'atto di disegnare è anche sociale, in quanto il bambino interagisce con altre persone per mostrare e raccontare ciò che ha disegnato.

Per Hanauer (2010), il disegno come linguaggio può essere considerato uno strumento di conoscenza che permette ai bambini di percorrere nuove strade e di appropriarsi del mondo che li circonda.

Il bambino che disegna stabilisce relazioni tra il suo mondo interno e quello esterno, acquisendo e riformulando concetti e migliorando le proprie capacità, coinvolgendosi affettivamente e operando mentalmente. Esternano *(sic)* sentimenti ed esprimono pensieri (HANAUER, 2010, p.5).

Non si può parlare di disegno senza analizzarne le fasi, quindi cerchiamo un sostegno nelle idee di Vygotskij sul disegno. Secondo Vygotskij (1991), lo sviluppo del disegno richiede due condizioni: la padronanza motoria e la relazione sviluppata con il linguaggio durante il disegno. Vygotskij (1991, p. 141) afferma che il linguaggio verbale è la base del linguaggio grafico e classifica lo sviluppo dell'espressione, che chiama grafico-plastica, nei seguenti stadi:

I)   Palcoscenico simbolico - È il palcoscenico delle note marionette che rappresentano, in un certo senso

in breve, la figura umana. Questa fase è descritta da Vygotskij come il momento in cui i bambini disegnano oggetti "a memoria", senza alcuna apparente preoccupazione di fedeltà alla cosa rappresentata.

II)   Stadio simbolico-formalista - È lo stadio in cui si nota già una maggiore elaborazione delle linee e delle forme dei grafici dei bambini. È il periodo in cui il bambino inizia a sentire la necessità di andare oltre la semplice enumerazione degli aspetti concreti dell'oggetto che sta rappresentando, cercando di stabilire una maggiore relazione tra l'insieme rappresentato e le sue parti, e si possono già vedere gli inizi di una rappresentazione più vicina alla realtà.

III)   Fase formalista vera e propria - In questa fase, le rappresentazioni grafiche sono fedeli all'aspetto osservabile degli oggetti rappresentati, con la fine degli aspetti più simbolici presenti nelle fasi precedenti.

IV)   Fase formalista plastica - Si individua una nuova forma, un nuovo modo di disegnare, perché come sviluppo delle capacità motorie, il disegno cessa di essere un'attività fine a se stessa e diventa uno sforzo creativo. Tuttavia, si assiste a un rallentamento del ritmo del disegno, che rimane più che altro tra coloro che disegnano davvero perché godono di questo atto creativo.

Nel descrivere le fasi di sviluppo del grafismo infantile, l'autore non si preoccupa di dettagliare il periodo di acquisizione del sistema di rappresentazione del disegno. Possiamo quindi dire che il disegno è una base importante per analizzare i progressi del bambino. Il suo sviluppo contribuisce alla rappresentazione simbolica, allo sviluppo motorio ed emotivo e di conseguenza all'apprendimento nel suo complesso.

3. ASPETTI METODOLOGICI DELLA RICERCA

Abbiamo iniziato il nostro lavoro parlando della storia dell'infanzia e dell'invisibilità che ha subito nel corso degli anni, presentando l'acquisizione del linguaggio così come percepita da Vygotsky (1993) e Tomasello (2003) e, infine, riportiamo i molteplici linguaggi presentati dai bambini. Abbiamo percorso tutta questa strada perché riteniamo che il nostro oggetto di studio contempli le discussioni sollevate finora.

La nostra ricerca, un sottoprogetto di un più ampio progetto PIBIC/UEPB (Programma di Iniziativa Scientifica) - 2016/2017 - sulle lingue dei bambini nella pratica pedagogica delle istituzioni educative per la prima infanzia, ha avuto come scopo fondamentale l'analisi delle concezioni e degli usi delle lingue nelle pratiche pedagogiche degli insegnanti che lavorano in alcune istituzioni che offrono questa fase fondamentale dell'educazione.

La nostra ricerca quantitativa e qualitativa si è svolta in due scuole materne pubbliche di diversi comuni. Una si trovava nel comune di Alagoa Nova (Creche Professor Clodomiro Leal, situata in Rua Severino de Assis Mathias, Alagoa Nova - PB, 58125-000) e l'altra nel comune di Campina Grande (Creche Alcides Cartaxo Loureiro, situata in Rua R. Geralda de Fàtima Paiva Maia, 399-525 - Très Irmas, Campina Grande), entrambi nello stato di Paraiba. I soggetti coinvolti erano insegnanti che lavorano con bambini da 0 a 3 anni in queste istituzioni. Il nostro progetto è stato sottoposto al Comitato etico dell'Università statale di Paraiba (situata in Rua Baraùnas, 351 Universitàrio, 2° andar, sala 214) e tutti i soggetti coinvolti hanno firmato un modulo di consenso alla pubblicazione e alla diffusione dei dati. Entrambe le istituzioni che hanno partecipato al nostro progetto sono state autorizzate dai loro organi di rappresentanza, i dipartimenti educativi municipali (in allegato il modulo di consenso inviato dal dipartimento educativo municipale di Campina Grande).

Come strumento di raccolta dei dati, abbiamo utilizzato questionari con sei domande aperte. Abbiamo cercato di analizzare i dati forniti attraverso gli studi di Bardin (1979) sull'analisi del contenuto.

Per quanto riguarda la discussione e l'analisi dei dati, ci siamo ispirati al metodo di analisi del contenuto di Bardin (1979), anche se non abbiamo definito le categorie di analisi in base alle risposte al questionario applicato agli insegnanti coinvolti. Per Bardin (1979, p.31), questo metodo è definito come "[...] un insieme di tecniche per l'analisi delle comunicazioni". In altre parole, l'analisi del contenuto cerca di accertare ciò che un dato testo sta cercando di trasmettere studiando tutto, dal modo in cui è scritto all'intenzione che sta dietro al testo". Perché l'intento dell'analisi del contenuto "[...] è quello di inferire conoscenze sulle condizioni di produzione (o eventualmente di ricezione), un'inferenza che si avvale di indicatori (qualitativi o meno) (BARDIN, 1979, p.38).

Oltre all'intenzione che sta alla base della domanda, è necessario capire che nell'analisi del contenuto ci sono due tipi di problemi: Cosa ha portato a una particolare affermazione? Secondo Bardin (1979, p. 39) "[...] questo aspetto riguarda le cause o gli antecedenti del messaggio". Nel nostro caso, ciò che ci ha portato a condurre la ricerca, attraverso le affermazioni del questionario, è stato il fatto che volevamo capire ed esplorare le concezioni degli insegnanti che lavorano nell'educazione della prima infanzia, con bambini da 0 a 3 anni, riguardo ai molteplici linguaggi che vengono presentati dai bambini.

Il secondo problema: quali conseguenze può avere una determinata affermazione? In questo caso Bardim (1979) considera i possibili effetti che saranno causati dal messaggio. Oltre a indagare sulle lingue multiple, il nostro intento era quello di promuovere una discussione tra gli insegnanti sull'argomento e di mostrare alla comunità accademica l'importanza delle lingue multiple per lo sviluppo dei bambini.

Tuttavia, quando si utilizza l'analisi del contenuto come strumento analitico, è importante considerare i legami tra "la superficie dei testi, descritta e analizzata (almeno alcuni elementi caratteristici) e i fattori (sic) che hanno determinato queste caratteristiche, dedotti logicamente" (BARDIN, 1979, p.40). Infatti [...] ciò che si cerca di stabilire quando si effettua un'analisi, consapevolmente o meno, è una corrispondenza tra le strutture semantiche o linguistiche e le strutture psicologiche o sociologiche degli enunciati. [...]".

In altre parole, l'analisi del contenuto va oltre la semplice analisi del testo scritto, ma cerca di indagare il legame tra le strutture semantiche o linguistiche e le strutture psicologiche o sociologiche presenti nelle affermazioni/risposte, poiché lo psicologico e il sociale interferiscono nel modo in cui vediamo il mondo.

Infine, Bardin (1979, p. 42) definisce il termine analisi del contenuto come:

Insieme di tecniche di comunicazione volte a ottenere, attraverso procedure sistematiche e oggettive (sic) di descrizione del contenuto dei messaggi, indicatori (qualitativi o meno) che consentano di dedurre conoscenze relative alle condizioni di produzione/ricezione (variabili inferite) di tali messaggi.

L'analisi del contenuto prevede diverse procedure di analisi, quindi abbiamo optato per l'analisi delle risposte alle domande aperte. Secondo Bardin (1979, p. 60), quando si analizza un questionario con domande aperte, si può optare per due procedure di distribuzione. La prima parte dal *generale* al *particolare,* "[...] si determinano prima le voci di classificazione e poi si cerca di organizzare il tutto" (Idem). "(Idem), in altre parole, si parte da piccole parti e poi si inizia a organizzare le risposte per arrivare al risultato finale.

La seconda è esattamente l'opposto "[...] si parte dagli elementi particolari e li si raggruppa progressivamente approssimando gli elementi contigui, in modo che alla fine di questo procedimento si assegni un titolo alla categoria" (BARDIN, 1979, p.61). La prima procedura è stata utilizzata per analizzare la nostra ricerca.

Abbiamo anche utilizzato la categorizzazione, che per Bardin (1979, p. 117) è un'azione di classificazione degli elementi caratteristici di un insieme. Per differenziazione e poi per raggruppamento in base al genere (analogia), con criteri precedentemente definiti. Inoltre, la categorizzazione è un processo strutturalista e prevede due fasi: "*inventario*: isolare gli elementi; *classificazione*: dividere gli elementi e cercare così di imporre una certa organizzazione ai messaggi" (BARDIN, 1979, p.117, corsivo mio).

Pertanto, utilizzando la categorizzazione di Bardin (1979), abbiamo diviso i nostri risultati in due categorie: nella prima categoria abbiamo cercato di analizzare il profilo degli insegnanti coinvolti nella nostra ricerca; nella seconda abbiamo cercato di esplorare le concezioni e le pratiche degli insegnanti in relazione alle lingue multiple.

Come già accennato, lo strumento di raccolta utilizzato è stato un questionario con domande aperte, da noi elaborato e inviato al Comitato etico per la ricerca dell'UEPB, che lo ha approvato. Si trattava di un questionario contenente i dati identificativi delle persone indagate, con sei domande aperte. In tutto sono stati compilati e consegnati tredici questionari, che sono serviti come base per questo lavoro.

I dati raccolti sono stati presentati in grafici informativi di superficie nel programma Microsoft Office Excel 2016. L'obiettivo principale era quindi quello di raccogliere dati reali sulla comprensione del linguaggio e delle molteplici lingue utilizzate dai bambini da parte degli insegnanti coinvolti.

4. Analisi e discussione dei risultati

La ricerca sul campo ha previsto la compilazione di questionari da parte di insegnanti che lavorano nel settore dell'educazione della prima infanzia con bambini da 0 a 3 anni. Seguendo i metodi presentati da Bardin (1979), abbiamo utilizzato la classificazione per discutere meglio i risultati. Sono stati catalogati i profili degli insegnanti e sei categorie, in cui abbiamo cercato di affrontare il linguaggio dei bambini e le lingue multiple.

4.1 Profilo degli insegnanti

Per costruire questa categoria, abbiamo utilizzato i seguenti dati: formazione e durata del lavoro nell'educazione della prima infanzia. Non utilizzeremo il genere come dato categorico, poiché tutti i questionari sono stati compilati da insegnanti donne.

4.1.1 Formazione

In questa categoria si può notare che la maggior parte degli insegnanti che hanno accettato di rispondere al nostro questionario ha solo una laurea in Pedagogia, circa il 44%. Il restante 14% è costituito da insegnanti con una formazione scolastica normale (magistero) e un titolo post-laurea in Educazione della prima infanzia. C'è stato un risultato uguale del 7% tra coloro che hanno una laurea in scuola normale/laurea in pedagogia, una laurea in pedagogia, una laurea in un'altra area e coloro che non hanno voluto dichiarare il loro titolo di studio.

Grafico 1: Livello di istruzione degli insegnanti

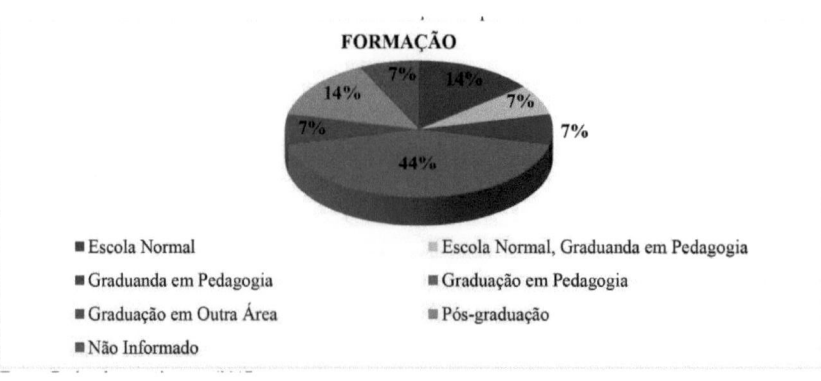

Fonte: Dati della ricerca, marzo 2017.

4.1.2 Anzianità di lavoro nel settore dell'educazione della prima infanzia

In questa dimensione, abbiamo cercato di analizzare il periodo di tempo in cui gli insegnanti hanno lavorato nelle classi della prima infanzia. Analizzando il grafico, abbiamo visto che il 46% degli insegnanti lavora in classe da 7 a 10 anni. Un'altra percentuale che ha attirato la nostra attenzione è

36

quella di coloro che lavorano tra i 15 e i 25 anni, pari al 38%. Anche in questo caso c'è una percentuale uguale, l'8%, per coloro che lavorano da 1 a 6 anni e l'8% che non ce l'ha detto.

Grafico 2: Durata della permanenza nella classe di Educazione della prima infanzia

ATUAÇÃO NA EDUCAÇÃO INFANTIL

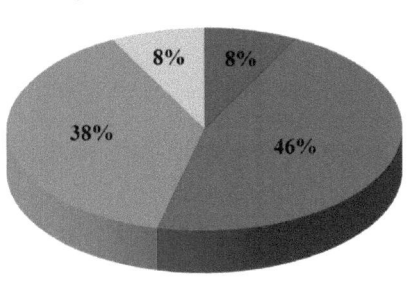

■ 1 a 6 anos   ■ 7 a 10 anos   ■ 15 a 25 anos   ▪ Não informado

Fonte: Dati della ricerca, marzo 2017.

4.2 Lingua e lingue multiple

Abbiamo suddiviso i nostri risultati in sei categorie in cui ci siamo concentrati sulla lingua e sulle lingue multiple presentate dai bambini. Queste sei categorie sono: Cos'è il linguaggio; Linguaggi multipli osservati nei bambini; Linguaggi usati dai bambini nell'interazione insegnante-bambino; Linguaggi usati dai bambini nell'interazione bambino-bambino; Esplorazione dei linguaggi nella programmazione degli insegnanti; e infine il punto di vista degli insegnanti sul monitoraggio dello sviluppo di alcuni linguaggi.

4.2.1. Che cos'è il linguaggio?

Questo item è stato ricavato dalla prima domanda del questionario, ovvero: "Come definisce il linguaggio?". Nonostante si tratti di una domanda semplice, abbiamo potuto osservare una certa difficoltà da parte degli insegnanti nel rispondere, poiché le loro risposte erano brevi e alcune mancavano di significato, in vista di una migliore comprensione. Abbiamo ottenuto i seguenti dati: il 50% degli insegnanti ha detto che il linguaggio è un mezzo utilizzato per comunicare e interagire tra loro, il 25% ha detto che è un modo di esprimersi, il 17% lo ha descritto come linguaggio verbale e non verbale, e l'8% ha descritto il linguaggio come la rappresentazione del suono attraverso la parola.

Costruendo il grafico, è stato possibile vedere che la maggior parte degli insegnanti definisce il linguaggio come un mezzo che usiamo per comunicare ed esprimerci, che può essere verbale

37

(attraverso il parlato) o non verbale (attraverso i gesti, la musica, ecc.). Questa concezione, sebbene limitata, è supportata dalla prospettiva del linguaggio presentata da Vygotskij (1993) e Tomasello (2003). Tuttavia, è anche possibile osservare che molti insegnanti continuano a definire il linguaggio solo come un sistema di simboli o la rappresentazione di suoni vocali.

Grafico 3: Cos'è il linguaggio?

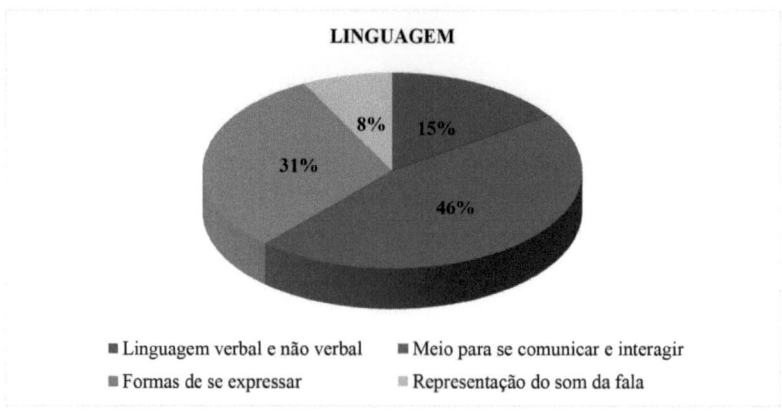

Fonte: Dati della ricerca, marzo 2017.

4.2.2. Le lingue multiple osservate nei bambini

Lo scopo di questo item era quello di capire le idee degli insegnanti sulle lingue multiple e come le osservano nei bambini. Poiché le domande sono collegate tra loro, ma con obiettivi diversi, è stato possibile analizzare che gli insegnanti hanno avuto una certa difficoltà, perché nonostante la domanda sia semplice, il 15% si è limitato a rispondere solo sì, il che ci ha portato a chiederci se l'insegnante comprende davvero cosa sono le lingue multiple presentate dai bambini e la loro importanza, oppure a causa del poco tempo a disposizione ha risposto solo sì.

Tuttavia, il 46% degli insegnanti ha risposto che i bambini possiedono linguaggi multipli e che vengono utilizzati attraverso il linguaggio verbale, il disegno, la musica e il movimento. Il 31%, oltre a quanto già menzionato, ha citato anche il pianto e il balbettio dei bambini come linguaggi multipli. Infine, l'8% ha affermato che l'esistenza di linguaggi multipli è limitata alle forme verbali e non verbali.

Grafico 4: Le molteplici lingue presentate dai bambini

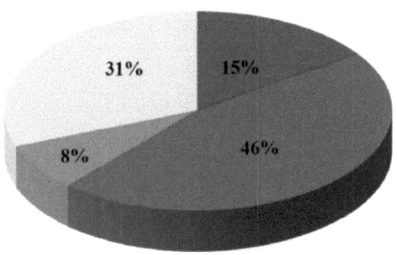

AS MÚLTIPLAS LINGUAGENS

- ■ Sim
- ■ Sim, através da linguagem verbal, do desenho, da musica e do movimento
- ■ Sim, linguagem verbal e não verbal
- ◌ Sim, utilizam os gestos, balbucios, imagens e o choro

Fonte: Dati della ricerca, marzo 2017.

4.2.3. Linguaggi utilizzati dai bambini nell'interazione insegnante-bambino

In questa sezione abbiamo cercato di esplorare l'interazione tra gli insegnanti e i loro figli e quali linguaggi vengono utilizzati dai bambini durante questa interazione. Il 31% degli insegnanti ha dichiarato che i bambini utilizzano il linguaggio verbale e non verbale e ha specificato alcuni momenti in cui vengono utilizzati, come ad esempio nei giochi e nelle attività. Circa il 23% ha detto che i bambini usano la parola, le espressioni facciali e il linguaggio del corpo. Un altro 23% ha specificato la socializzazione e il gioco.

Tuttavia, il 15% degli insegnanti ha dichiarato che i bambini usano i gesti, lo sguardo e il pianto. Si ipotizza che questi insegnanti lavorino in scuole materne con bambini di età inferiore a 1 anno, perché come abbiamo già visto, prima che i bambini acquisiscano il linguaggio, usano i gesti, lo sguardo e il pianto per comunicare. E l'8% ha specificato che il linguaggio orale è l'unico mezzo di comunicazione.

Grafico 5: Lingue utilizzate dai bambini nell'interazione insegnante-bambino

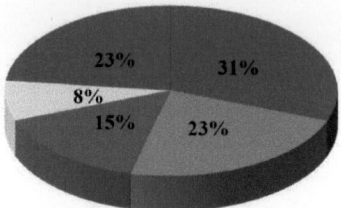

INTERAÇÃO PROFESSORA-CRIANÇA

- Linguagens verbais e não verbais, por meio de brincadeiras e atividades propostas
- A partir da socialização e do brincar
- Com o gesto, com o olhar e o choro
- Apenas a linguagem oral
- Através da fala, das expressões faciais e corporais

Fonte: Dati della ricerca, marzo 2017.

4.2.4. Lingue utilizzate nelle interazioni bambino-bambino

A differenza dell'altro item, in questo abbiamo cercato di esplorare quali lingue venivano utilizzate dai bambini nelle interazioni bambino-bambino e in quali situazioni gli insegnanti osservavano queste interazioni. Abbiamo scoperto che circa il 39% degli insegnanti ha notato queste interazioni nei giochi dei bambini, e questo non fa che confermare quanto già detto, poiché quando i bambini giocano imparano a conoscere se stessi, gli altri e la propria cultura.

Abbiamo notato che il 23% degli insegnanti ha osservato questa interazione attraverso il linguaggio orale e corporeo. Come abbiamo discusso in precedenza, citando il RCENEI, i bambini utilizzano varie forme di comunicazione, quindi i molteplici linguaggi che usano o presentano, il linguaggio del corpo può essere considerato uno di questi linguaggi, come sottolineato nel già citato Referencial Curricular para Educaçao Infantil (BRASIL, 1998, vol. 3, p.47),

I modi di camminare, correre, lanciare e saltare sono il risultato delle interazioni sociali e delle relazioni dell'uomo con l'ambiente; sono movimenti i cui significati sono stati costruiti in base ai diversi bisogni, interessi e possibilità corporee dell'uomo presenti nelle diverse culture in diversi momenti della storia.

Un altro 23% ha affermato che questa relazione si è verificata attraverso il tatto, gli sguardi e i balbettii tra i bambini. Anche in questo caso, riteniamo che questi insegnanti lavorino in classi di asilo nido e che cerchino di includere più lingue nella loro programmazione.

Infine, il 15% ha osservato che i linguaggi utilizzati dai bambini nelle loro interazioni sono il linguaggio verbale, il movimento e la rappresentazione.

In questa sezione abbiamo cercato di mostrare che i bambini imparano gli uni dagli altri e attraverso vari linguaggi, e che non dipendono esclusivamente dall'insegnante o da qualsiasi altro adulto perché l'apprendimento abbia luogo. Come indicato nel Quadro nazionale dei curricoli per l'educazione della prima infanzia (RCNEI), qui nuovamente sottolineato, è necessario che l'educazione della prima infanzia promuova l'integrazione tra gli aspetti fisici, emotivi, affettivi, cognitivi e sociali dei bambini da 0 a 5 anni, considerandoli esseri completi e indivisibili, oltre a dare loro accesso ai beni socio-culturali, alle cure essenziali per lo sviluppo della loro identità e al diritto al gioco come particolare forma di espressione, pensiero, interazione e comunicazione.

Grafico 6: Lingue utilizzate nelle interazioni bambino-bambino.

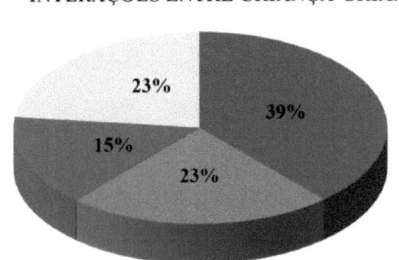

INTERAÇÕES ENTRE CRIANÇA-CRIANÇA

- Sim, nas brincadeiras que elas realizam
- Sim, por meio da linguagem oral e corporal
- Sim, através da linguagem verbal, do movimento e da representação
- Sim, com o toque, o olhar e os balbucios trocados entre si

Fonte: Dati della ricerca, marzo 2017.

4.2.5. Esplorare le lingue nella pianificazione degli insegnanti

L'obiettivo di questo item era quello di scoprire se gli insegnanti utilizzassero più linguaggi nella loro programmazione e quali fossero quelli più utilizzati. Secondo il grafico 7, circa il 54% degli insegnanti ha dichiarato di utilizzare più linguaggi nella pianificazione e di includere sempre il linguaggio orale e corporeo, il disegno, il gioco e la danza. Il 38% ha invece riferito di includere nella programmazione il linguaggio orale, musicale e visivo. Infine, l'8% ha dichiarato di utilizzare il linguaggio orale attraverso la lettura e la narrazione di storie e la musica che utilizza i gesti durante la melodia.

Sappiamo quanto sia importante pianificare le lezioni. In Istruzione

Nel pianificare le attività che verranno sviluppate, è necessario che l'insegnante includa più linguaggi, poiché abbiamo già chiarito la loro importanza per lo sviluppo del bambino nel suo complesso. Dobbiamo ricordare che l'insegnante di scuola materna è un mediatore di conoscenze, come afferma la RCNEI:

41

L'intervento dell'insegnante è necessario affinché, nell'istituto per la prima infanzia, i bambini possano, in situazioni di interazione sociale o da soli, ampliare la loro capacità di appropriarsi di concetti, codici sociali e linguaggi diversi, attraverso l'espressione e la comunicazione di sentimenti e idee, la sperimentazione, la riflessione, l'elaborazione di domande e risposte, la costruzione di oggetti e giocattoli, ecc. [...] Nelle istituzioni educative per la prima infanzia, l'insegnante è quindi il partner esperto per eccellenza, il cui ruolo è quello di fornire e garantire un ambiente ricco, piacevole, sano e non discriminatorio per esperienze educative e sociali diversificate (BRASIL, 1998, Vol. 1, p.30).

Il ruolo dell'insegnante di scuola materna è quindi quello di fornire attività che favoriscano e sviluppino i molteplici linguaggi dei bambini. Rispettando i loro limiti, la loro cultura e il ritmo del loro sviluppo. Siamo stati lieti di constatare che le insegnanti che hanno accettato di rispondere al nostro questionario tengono conto dei molteplici linguaggi presentati dai bambini nella loro programmazione.

Grafico 7: Più lingue nella pianificazione degli insegnanti

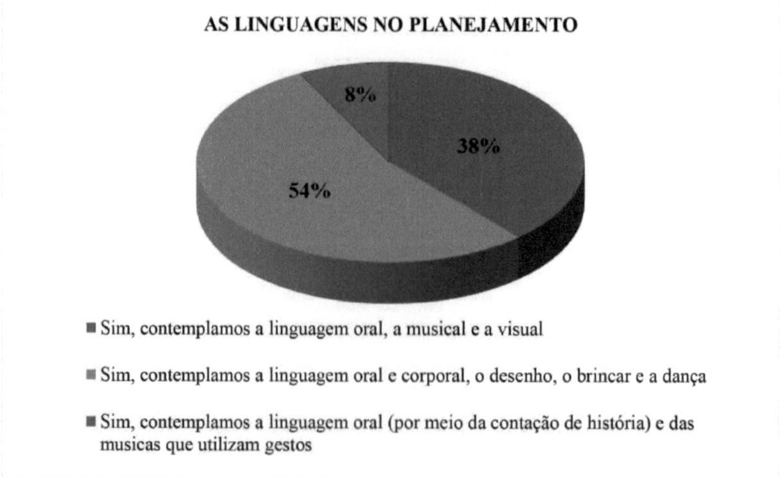

AS LINGUAGENS NO PLANEJAMENTO

■ Sim, contemplamos a linguagem oral, a musical e a visual

■ Sim, contemplamos a linguagem oral e corporal, o desenho, o brincar e a dança

■ Sim, contemplamos a linguagem oral (por meio da contação de história) e das musicas que utilizam gestos

Fonte: Dati della ricerca, marzo 2017.

4.2.6. Accompagnare gli insegnanti nello sviluppo di alcuni linguaggi

L'obiettivo principale di questo item era scoprire se gli insegnanti ritenevano importante monitorare lo sviluppo di alcuni linguaggi e quali fossero questi linguaggi. Abbiamo ottenuto una percentuale del 41% degli insegnanti che afferma di monitorare lo sviluppo dei linguaggi nei loro bambini, che sono: linguaggio orale, gesto, movimento e disegno. Il 33% ha dichiarato di monitorare lo sviluppo del linguaggio orale, corporeo e musicale. Il 16% ha dichiarato di monitorare solo il linguaggio orale. Infine, il 10% ha riferito di monitorare lo sviluppo di più linguaggi, ma non ha specificato quali.

L'assistenza agli insegnanti è di fondamentale importanza a qualsiasi livello di istruzione. Tuttavia, nell'educazione della prima infanzia questo lavoro deve essere svolto con maggiore attenzione, poiché abbiamo a che fare con bambini che sono in un costante processo di apprendimento e sviluppo. Da quando

L'insegnante **media tra i bambini e gli oggetti della conoscenza**, organizzando e fornendo spazi e situazioni di apprendimento che articolano le risorse e le capacità affettive, emotive, sociali e cognitive di ciascun bambino con le sue conoscenze precedenti e con i contenuti dei diversi campi della conoscenza umana (BRASIL, 1998, Vol.1, p.30 - corsivo aggiunto).

Grafico 8: Sostegno degli insegnanti allo sviluppo di alcune lingue

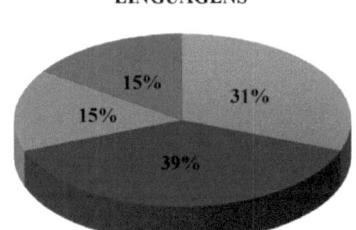

ACOMPANHAMENTO DO DESENVOLVIMENTO DAS LINGUAGENS

- Sim, a linguagem oral, corporal e musical
- Sim, a linguagem oral, gestual, o movimento e o desenho
- Sim, a linguagem oral
- Sim, porém não especificaram

Fonte: Dati della ricerca, marzo 2017.

Nel corso del nostro lavoro, presentiamo l'emergere del sentimento dell'infanzia e la (in)visibilità che ha subito nel corso degli anni. Abbiamo fatto questo viaggio perché per capire l'infanzia è necessario conoscerne la storia, è di estrema importanza conoscere il nostro passato per non ripetere gli errori, Lo abbiamo fatto per presentare i concetti di linguaggio sviluppati da Vygotskij (1993) e Tomasello (2003), poiché entrambi discutono il linguaggio e la sua acquisizione e sviluppo da una prospettiva socio-culturale, affermando che l'acquisizione e lo sviluppo del linguaggio avvengono dal sociale all'individuale.

Infine, abbiamo discusso dei linguaggi multipli che vengono presentati dai bambini, sia che si trovino nella fase di acquisizione che nel loro sviluppo. Tutto questo è stato di fondamentale importanza per i dati presentati nella ricerca, perché attraverso la nostra ricerca si è visto che,

43

sebbene gli insegnanti osservino i linguaggi multipli nei loro bambini e sappiano quanto siano importanti per lo sviluppo dei bambini, ci si è resi conto che molti insegnanti si concentrano ancora sullo sviluppo del linguaggio verbale, pur considerando che il movimento, il disegno e così via sono linguaggi che raramente vengono contemplati nella loro pianificazione, nelle attività sviluppate e nel monitoraggio che deve essere effettuato.

5. CONSIDERAZIONI FINALI

Abbiamo cercato di stabilire un legame tra la Storia dell'infanzia, a partire dalla messa in luce del sentimento dell'infanzia esposto da Philippe Ariès (2011), e i suoi contesti sociologici, affrontando la (in)visibilità subita dall'infanzia nel corso degli anni, presentata attraverso le idee di Sarmento (2007). Abbiamo fatto questo collegamento perché crediamo che sia di fondamentale importanza conoscere la storia dell'infanzia per capire l'infanzia presente oggi. Non ha senso concentrarsi solo sul presente senza capire cosa è successo prima, perché l'intero concetto di infanzia è stato costruito storicamente. Se ricordiamo ciò che è stato presentato inizialmente da Ariès (2011), vedremo che l'infanzia che conosciamo oggi è stata costruita per servire la società di un certo tempo e che si è sviluppata in modo da avere l'idea di bambino che si presenta oggi nella nostra società: il bambino che gioca, studia ed è sostenuto dalla famiglia e da varie leggi e organizzazioni.

Questo ponte storico è stato necessario per comprendere l'idea di linguaggio sviluppata da Vygotskij (1993) e Tomasello (2003), poiché entrambi sviluppano le loro teorie sull'acquisizione e lo sviluppo del linguaggio basandosi sul concetto che non solo il fattore biologico è responsabile dell'acquisizione e dello sviluppo del linguaggio, ma anche i fattori storici, sociali e culturali sono, insieme a quello biologico, responsabili del suo sviluppo.

È importante sottolineare che, pur avendo la stessa idea di come avviene il processo di acquisizione e sviluppo, gli autori hanno delle distinzioni nelle loro teorie. Come abbiamo detto quando abbiamo discusso le teorie di Tomasello (2003), oltre ai fattori sopra citati, c'è anche l'attenzione congiunta, un concetto chiave per comprendere il processo di acquisizione e sviluppo del linguaggio dal punto di vista di Tomasello.

Infine, abbiamo percorso tutta questa strada per presentare i linguaggi multipli. In tutto il lavoro, abbiamo chiarito che il concetto di linguaggio adottato qui è che ogni forma di comunicazione che trasmette intenzioni e significati è considerata un linguaggio. Poiché il nostro studio è stato condotto con insegnanti di scuola materna che lavorano con bambini da 0 a 3 anni, dove il linguaggio verbale è quasi assente, dobbiamo essere consapevoli del fatto che i bambini usano altri linguaggi.

Sebbene il linguaggio verbale sia uno dei linguaggi più utilizzati dai bambini, non è l'unico. Per comunicare, trasmettere ciò che provano, interagire con la società e in altre occasioni, i bambini utilizzano più linguaggi. È necessario che gli insegnanti lo comprendano, in modo da includere nella programmazione i linguaggi multipli e da poter sviluppare nel bambino non solo il linguaggio verbale, ma tutti i linguaggi necessari al suo sviluppo complessivo.

L'indagine ha mostrato che le concezioni del linguaggio adottate dagli insegnanti sono le stesse che compaiono nella loro programmazione e nelle loro pratiche didattiche. Ad esempio, quando gli insegnanti affermano che il linguaggio è una forma di comunicazione verbale e non verbale, limitano la loro pianificazione/pratica all'uso del linguaggio orale e del disegno, dimenticando che altri linguaggi devono essere sviluppati affinché il bambino si sviluppi pienamente.

Vale la pena sottolineare che il movimento, la danza, la musica, il disegno e il gioco sono linguaggi che compaiono nel Quadro nazionale dei curricoli per l'educazione della prima infanzia, quindi devono essere lavorati nelle istituzioni educative della prima infanzia. Meritano di essere lavorati con il bambino, non solo come pretesto per integrare l'attività svolta al mattino; in altre parole, è necessario che ci sia un senso, un piano, in modo che vengano lavorati in modo significativo per lo sviluppo e l'apprendimento del bambino.

Infine, vorremmo sottolineare che le lingue multiple necessitano di una maggiore attenzione da parte degli insegnanti, perché spetta a loro sviluppare un ricco vocabolario linguistico nei loro bambini, non solo oralmente, ma nel senso ampio di lingue multiple.

RIFERIMENTI

AFONSO, Maria Aparecida Valentim. La **musicalità dei bambini:** scoprire i suoni del corpo, degli oggetti e del mondo. In:_ BARBOSA, Rita Cristina; AFONSO, Maria Aparecida Valentin (org.). Educaçao Infantil: das prâticas pedagógicas às politicas pùblicas. Joao Pessoa: Editora Universitària da UFPB, 2011. p.109-128.

ÀLLAN, Sylvio. SOUZA, Carlos Barbosa Alves. Il **modello di Tomasello dell'evoluzione cognitivo-linguistica umana.** Psicologia: Teoria e Pesquisa, Brasilia, aprile-giugno 2009, Vol. 25 n.2 pp.161-168.

ARIÈS, Philippe. **História social da criança e da familia.** 2.ed -Rio de Janeiro: LTC, 2011.

BAKHTIN, M. (V. N. Voloshinov) **Marxismo e filosofia del linguaggio.** Traduzione di M. Lahud e Y.F. Vieira. M. Lahud e Y.F. Vieira. San Paolo: Hucitec, 1988.

BRASILE. Ministero dell'Istruzione. Dipartimento dell'Educazione di base. Politiche nazionali per l'educazione della prima infanzia. Brasilia, 2006.

BRASILE, Ministero dell'Istruzione e dello Sport. Dipartimento dell'Educazione di Base. **Referencial Curricular Nacional para Educaçao Infantil.** Brasilia: MEC/SEF, v. 3. 1998

BORBA, Ângela Meyer. Il **gioco come esperienza di cultura.** In:_ O cotidiano na Educaçao Infantil. Bollettino 23, novembre 2006. P. 46-55

DERDYK, Edith. **Disegnare la figura umana.** San Paolo: Scipione, 1990.

. **Formas de pensar o desenho:** desenvolvimento del grafismo infantile. 3. ed. San Paolo: Scipione, 2004.

GARANHANI, Marynelma Camargo. **Il corpo in movimento nell'educazione della prima infanzia: il linguaggio del bambino** In. V EDUCERE - III CONGRESSO NACIONAL DA ÁREA DE EDUCAÇÃO, 5. 2005. Curitiba. *Atti...* Curitiba, 2005. p. 2017-2025

GALVÂO, Izabel. **Henri Wallon:** una concezione dialettica dello sviluppo infantile - Rio de Janeiro: Vozes, 2008.

GIL, Antônio Carlos. **Come preparare i progetti di ricerca.** 5.ed. San Paolo: Atlas, 2010.

HANAUER, Fernanda. **Graffi e scarabocchi: il** disegno nell'educazione della prima infanzia. Rivista di educazione Ideau. Vol. 6 - N° 13 - Gennaio - Luglio 2011.

JOBIM E SOUZA, Solange. L.S. **Vygotsky: il linguaggio e la costruzione sociale della coscienza.** In: ___ Infanzia e linguaggio: Bakhtin, Vygotsky e Benjamin. Campinas, Sao Paulo :

Papirus, 1994 (p.123 - 136)

JOLY, Ilza, Zenker, Leme, (2003). **Educazione e educazione musicale:** conoscenze per comprendere i bambini e il loro rapporto con la musica. In:. HENTSCHKE, L; DEL BEN, L. (Org.). Insegnare musica: proposte per pensare e agire in classe. San Paolo: Ed. Moderna. Cap. 7.

JUNQUEIRA FILHO, Gabriel de Andrade. **Linguaggi generativi:** selezione e articolazione dei contenuti nell'educazione della prima infanzia. Porto Alegre: Mediaçao, 2005.

KUHLMANN JR., M., FERNANDES, R. **Sulla storia dell'infanzia.** In: FARIA FILHO, L. M.(Org.). A infância e sua educaçao: materiais, pràticas e representaçoes (Portugal e Brasil). Belo Horizonte: Autêntica, 2004, p.15-33.

MELO, Glória Maria Leitao de Souza. Il **linguaggio e la sua acquisizione:** approcci interazionisti. In: __ Scene di attenzione congiunta tra insegnanti e bambini nel processo di acquisizione del linguaggio. 2015, 276 p. Tesi (Dottorato)

MOYLES, Janet R. **L'eccellenza del gioco:** l'importanza del gioco nella transizione tra l'educazione della prima infanzia e i primi anni di vita. Porto Alegre: Artmed, 2006.

OLIVEIRA, Marta Kohl. **Vygotsky:** apprendimento e sviluppo, un processo storico-sociale - 4. ed. San Paolo: Scipione, 2002.

PALOMO, Sandra Maria Silva. **Lingua e linguaggi.** Rivista scientifica Eccos. San Paolo: Centro Universitario Nove de Julho, v.3, n.2, p.9-15, dicembre 2001.

SARMENTO, Manuel Jacinto. La **visibilità sociale e lo studio dell'infanzia.** In.

_ VASCONCELLOS, Vera Mª Ramos de. SARMENTO, Manuel Jacinto (org.). Infância (in)visivel. - Araraquara, SP: Junqueira&Marin, 2007.

SOUZA, Carlos Eduardo de. JOLLY, Maria Carolina Lima. **L'importanza dell'insegnamento della musica nell'educazione della prima infanzia.** Cadernos da Pedagogia. Sao Carlos, Anno 4 v. 4 n. 7, p. 96 - 110 , gennaio-giugno 2010

VYGOTSKY, Lev. Pensiero e linguaggio. 5ª ristampa. San Paolo: Martins Fontes, 1987.

VYGOTSKY, Lev. La formazione sociale della mente. Quarta edizione. San Paolo: Martins Fontes, 1991.

VERDERI, E. **Dança na escola:** uma abordagem pedagógica. San Paolo: Phorte, 2009.

WALLON, Henri. **Psicologia ed educazione infantile.** Traduzione di Rabaça, Ana. Lisbona: Estampa, 1975.

. **Psicologia infantile ed educazione.** Lisbona: Veiga, 1979.

48

APPENDICE A - MODULO DI CONSENSO

MODULO DI CONSENSO INFORMATO

Caro insegnante

La ricerca dal titolo: I LINGUAGGI DEI BAMBINI NELLE INTERAZIONI SOCIALI DI CURA CONGIUNTA NEL BAMBINO E NELLA FAMIGLIA, approvata dal Programma di Iniziativa Scientifica (PIBC) dell'UEPB/CNPq, è condotta da Sayonara Ramos Marcelino Ferreira Quirino (registrazione:), Giszélia Oliveira Santos (registrazione:) e Simone Fernandes Melo (registrazione:): 111215170), Giszélia Oliveira dos Santos (matricola: 131218735) e Simone Fernandes de Melo (matricola:131211510), sotto il coordinamento e la guida della Prof.ssa Glòria Maria Leitre. Glòria Maria Leitâo de Souza Melo, docente presso il Dipartimento di Educazione dell'Università Statale di Paraiba. Gli obiettivi dello studio sono: Indagare i linguaggi multipli utilizzati dai bambini in contesti di interazioni sociali di attenzione congiunta con l'adulto, al nido e in famiglia, per comprendere meglio la comunicazione da loro stabilita e la costruzione di questi linguaggi, fin dalla più tenera età; identificare, nel processo di acquisizione del linguaggio orale del bambino, altri linguaggi da loro percepiti/costruiti ed espressi; analizzare gli spazi offerti al nido e in famiglia per l'esplorazione dei linguaggi multipli da parte dei bambini; Discutere le concezioni linguistiche degli insegnanti, le lingue dei bambini e le loro pratiche pedagogiche nell'esplorazione di queste lingue; identificare l'uso delle lingue da parte dei bambini nelle interazioni sociali di attenzione congiunta, nonché le comprensioni e i significati che attribuiscono attraverso le loro lingue; Osservare se l'acquisizione/costruzione dell'oralità è guidata dalle interazioni sociali di attenzione congiunta e dall'uso di altre forme di linguaggio; analizzare il ruolo dell'altro (adulto o bambino) nel processo di acquisizione/costruzione del linguaggio da parte del bambino.

La ricerca è di tipo longitudinale e i dati saranno raccolti in due asili pubblici situati nell'area urbana di Campina Grande - PB, coinvolgendo bambini di età compresa tra 0 e 03 anni e le insegnanti che lavorano in queste istituzioni. I dati saranno raccolti per un periodo di 4 (sei) mesi, ogni 15 giorni, attraverso registrazioni video e interviste, secondo i turni dell'asilo.

Si tratta di uno studio che porterà benefici alle pratiche pedagogiche e curricolari nell'educazione della prima infanzia, con uno sguardo non solo al processo di acquisizione del linguaggio parlato da parte dei bambini, ma anche alle varie possibilità che essi hanno di usare ed esprimere più lingue in contesti di interazione sociale e di attenzione congiunta. A tal fine, vi chiediamo di collaborare: autorizzando le riprese nelle vostre classi; concedendo interviste preparate; autorizzando la presentazione e la pubblicazione dei risultati di questa ricerca in occasione di eventi scientifici, in libri, riviste o annali legati alle scienze umane e sociali, sia in forma stampata che digitale.

Per quanto riguarda i rischi di questa ricerca, essi si riassumono nella possibilità di esporre le manifestazioni orali dei bambini e degli insegnanti, che avvengono attraverso le interazioni nell'ambiente scolastico, se le consideriamo come discorsi dei soggetti.

Infine, il ricercatore/coordinatore può essere contattato per eventuali chiarimenti telefonando al numero (83)

3331-5799/988585051; e via e-mail: profgmls@hotmail.com.

Alla luce di quanto sopra, dichiaro di essere stato debitamente informato e do il mio consenso a partecipare alla ricerca e a pubblicarne i risultati. Sono consapevole che riceverò una copia di questo documento.

Campina Grande, _____de _____ de _____

Insegnante   ricercatore

Testimone

Indirizzo del ricercatore: R. Tabeliao Severino de Lacerda, 40 Catolé - Campina Grande - PB

Indirizzo del Comitato Etico UEPB: R. Baraûnas, 351 Universitario, 2° andar, sala 214, telefono:33153373

E-mail: cep@uepb.edu.br

APPENDICE B - QUESTIONARI UTILIZZATI

QUESTIONARIO CON DOMANDE APERTE

destinatari: insegnanti di asili nido e scuole dell'infanzia

CAMPO DI RICERCA: istituzioni pubbliche di Alagoa Nova - PB e Campina Grande - PB.

Dati di identificazione:

- Nome completo: _____

- Formazione: _____

- Istituzione per cui lavora: _____

- Tempo di lavoro nell'educazione della prima infanzia: _____

Domande:

1. Come si definisce il linguaggio?

2. Pensate che i bambini abbiano più lingue? Perché?

3. In base alla sua esperienza di insegnamento, quali sono le lingue utilizzate da

bambini durante le vostre interazioni con loro?

4. E le interazioni tra i bambini stessi? Quali sono le lingue più

osservato da voi?

5. Includete l'esplorazione linguistica nella vostra pianificazione?

bambini? Ne sono previsti altri? Quali?

6. Ritenete che sia importante monitorare lo sviluppo di alcuni

lingue? Perché? Quali sono queste lingue?

ALLEGATO A - PARERE DEL COMITATO ETICO

UEPB

**UNIVERSITÀ STATALE DI
PARAiBA**

**PRORETTORE AGLI STUDI POST-LAUREA E RICERCATORE
COMITATO ETICO PER LA RICERCA SUGLI ESSERI
UMANI
COMITATO ETICO NAZIONALE PER LA RICERCA SUGLI
ESSERI UMANI BRASILE PIATTAFORMA**

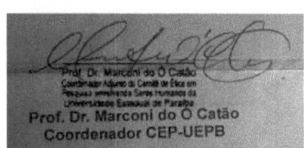

Prof. Dr. Marconi do Ó Catão
Coordenador CEP-UEPB

**Titolo della ricerca: I LINGUAGGI DEI BAMBINI NELLE INTERAZIONI SOCIALI DI
CURA CONGIUNTA NELLA CASA DEI BAMBINI E NELLA FAMIGLIA. Ricercatore
principale: Prof. Dr. GLÒRIA MARIA LEITÀO DE SOUZA MELO CAAE:
6499516.0.0000.5187**

STATO DEL PROGETTO:

APPROVATO. Data del relatore:

22/02/2017

Presentazione del Progetto: Progetto inviato al Comitato Etico di Ricerca dell'Università
Statale di Paraiba, per l'analisi e il parere ai fini dell'elaborazione e dello sviluppo della
ricerca, in conformità con il Bando PIBIC/UEPB/CNPq, Quota 2016/2017, dell'Università
Statale di Paraiba.

Obiettivo generale della ricerca: indagare i molteplici linguaggi utilizzati dai bambini in
contesti di interazioni sociali di attenzione congiunta con gli adulti, al nido e in famiglia, per
comprendere meglio la comunicazione che instaurano e la costruzione di questi linguaggi,

fin dalla più tenera età.

Valutazione dei rischi e dei benefici: secondo la RISOLUZIONE 466/12 del CNS/MS, tutte le ricerche condotte su esseri umani comportano rischi di vario grado. Questo progetto presenta rischi minimi, caratterizzati da "imbarazzo per i partecipanti o interruzione del loro tempo". Tuttavia, questi rischi saranno minimizzati dall'impegno etico dei ricercatori e dai benefici della ricerca, che potrebbe avere un impatto sulle pratiche curricolari e pedagogiche delle istituzioni che si occupano di bambini da 0 a 5 anni, nel senso di esaminare come rimodellare alcune di queste pratiche, rendendole più efficaci nell'esplorazione e nello sviluppo del linguaggio orale dei bambini e degli altri linguaggi che questi bambini apprendono, costruiscono ed esprimono nelle interazioni sociali di attenzione congiunta a cui partecipano, sia a scuola che a casa.

Commenti e considerazioni sulla ricerca: poiché il protocollo di ricerca è un insieme di documenti che descrivono la ricerca nei suoi aspetti fondamentali, il presente progetto è conforme ai criteri e alle linee guida della Risoluzione 466/12 del CNS/MS.

Considerazione dei termini obbligatori: sono presenti i termini necessari e obbligatori.

Raccomandazioni: nessuna raccomandazione.

Conclusioni o questioni in sospeso ed elenco delle inadeguatezze: Il progetto è completo e non presenta questioni in sospeso. Alla luce di quanto sopra, siamo favorevoli all'approvazione.

Campina Grande, 22 febbraio 2017.

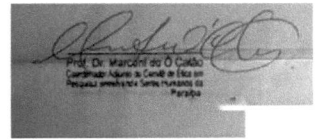

Prof. Dr. Marconi do Ó Catão
Coordenador Adjunto do Comitê de Ética em
Pesquisa envolvendo Seres Humanos da
Paraíba

ALLEGATO B - LETTERA DI ACCORDO

UNIVERSIDADE ESTADUAL DA PARAÍBA
PROGRAMA DE INICIAÇÃO CIENTÍFICA – PIBIC/UEPB/CNPQ

CARTA DE ANUÊNCIA

Ilma. Sra. Iolanda Barbosa Silva

Com o objetivo de realizarmos o projeto de pesquisa, intitulado: **LINGUAGENS DAS CRIANÇAS EM INTERAÇÕES SOCIAIS DE ATENÇÃO CONJUNTA NA CRECHE E NA FAMÍLIA,** solicitamos vossa autorização para coletarmos dados, junto a crianças e professoras das seguintes instituições de Educação Infantil: CAIC José Joffily, localizada no bairro das Malvinas e a Creche e Pré-Escola Alcides Cartaxo Loureiro, localizada no bairro do Cinza. A coleta de dados será feita através de filmagens e de entrevistas. Esclarecemos que a investigação não trará custos para as referidas instituições, nem provocará alterações em suas rotinas pedagógicas.

Campina Grande, 08 de setembro de 2016.

Atenciosamente,

_____
Glória Maria Leitão de Souza Melo – Mat. 1234013
Profa. Responsável/Orientadora do PIBIC

_____
Giszélia Oliveira dos Santos
Aluna/orientanda – Mat. 131218735

_____
Simone Fernandes de Melo
Aluna/orientanda – Mat.131211510

AUTORIZAÇÃO:

_____
Iolanda Barbosa da Silva
Seccretária de Educação do Município de Campina Grande – PB.

Printed by Books on Demand GmbH, Norderstedt / Germany